ROYAL HORTICULTURAL SOCIETY
DK GARTENTIPPS

SCHATTIGE GÄRTEN

ROYAL HORTICULTURAL SOCIETY
DK GARTENTIPPS

SCHATTIGE GÄRTEN

LINDEN HAWTHORNE

DORLING KINDERSLEY
LONDON • NEW YORK • MÜNCHEN • SYDNEY

DORLING KINDERSLEY

PRODUZIERT FÜR DORLING KINDERSLEY VON PAGEONE,
Chesham, Buckinghamshire

PROJEKTBETREUUNG Charlotte Stock

REIHENBETREUUNG Pamela Brown
REIHENBILDBETREUUNG Stephen Josland

CHEFLEKTORAT Louise Abbott
CHEFBILDLEKTORAT Lee Griffiths

Die Deutsche Bibliothek – CIP-Einheitsaufnahme

Ein Titeldatensatz für diese Publikation ist bei
der Deutschen Bibliothek erhältlich.

Titel der englischen Originalausgabe:
Plants for Shade

ÜBERSETZUNG Bettina Borst
REDAKTION UND SATZ Verlagsservice Monika Rohde, Bonn

ISBN 3-8310-0105-7

Besuchen Sie uns im Internet
www.dk.com

INHALT

GÄRTEN IM SCHATTEN

VORTEILE DES SCHATTENS

WENN EIN GARTEN NICHT VON NATUR aus etwas Schatten aufweisen würde, müsste man ihn schaffen – einfach weil viele wunderschöne Gartenpflanzen etwas Schatten für ihr Wachstum brauchen. Schatten ist im Garten schlicht unersetzlich. In wärmeren Klimazonen wird Schatten zur schönen Notwendigkeit.

SCHATTEN LIEBENDE PFLANZEN

Bei der enormen Vielfalt von Pflanzen, die im Schatten prächtig gedeihen, braucht man sich beim Gärtnern kaum einzuschränken. Zwar gibt es nur relativ wenige einjährige Blütenpflanzen und Gräser und praktisch keine Wasserpflanzen, die Schatten lieben. Aber in Wäldern und parkähnlichen Landschaften wachsen sehr viele Pflanzen, die in Schattengärten gesetzt werden können. Es stehen so viele Pflanzentypen zur Verfügung, dass die Möglichkeiten wunderschöner gemischter Anpflanzungen praktisch unbegrenzt sind.

◀ IM WALD ZU HAUSE *Bei nur wenig Platz kann man Farn, Efeu und Veilchen in Töpfen ziehen, mit deren Hilfe man in schattigen Ecken wunderschöne Kompositionen schafft. Treppen und Gartenwege sollten frei von Moos und Algen gehalten werden – diese Pflanzen gedeihen im Schatten von allein und können für gefährliche Rutschpartien sorgen.*

◀ SCHATTENKÜHLE *Ein kühles Eckchen sorgt bei Farnen und Funkien für üppiges Blattwerk.*

VOM NUTZEN DES SCHATTENS

Schattige Bereiche im Garten vergrößern im Grunde die Auswahl an Pflanzen, die erfolgreich kultiviert werden können. Viele Pflanzen, die ursprünglich aus dem Wald stammen, brauchen Schatten. An sonnigen, offenen Standorten gehen sie oft ein oder tragen Hitzeschäden davon. An schattigen Plätzen blühen sie meist besser, und Blüten sowie Blätter bleiben länger frisch.

> Ein schattiger Standort schützt die Pflanzen vor starken Temperaturschwankungen

An einem schattigen Standort kann man problemlos die kühlen, feuchten Bedingungen schaffen, die viele Frühjahrsblüher wie Schneeglöckchen, Winterlinge und Christrosen während des Sommers brauchen. Im Schatten muss man weniger gießen, und die Pflanzen sehen auch im Hoch- und Spätsommer immer grün und üppig aus, wenn die Pflanzen in der Sonne ihre beste Zeit schon hinter sich haben.

Standorte ohne Sonne sind zwar in den Wintermonaten recht kalt, aber diese niedrigen Temperaturen verhindern auch, dass Pflanzen, die im Winter Vegetationsruhe haben, im Frühjahr zu früh austreiben, wobei sie noch durch Fröste geschädigt werden können. Gefrorene Pflanzen tauen im Schatten nur langsam wieder auf, während in der Sonne Schäden auftreten können.

Leider zieht feuchter Schatten Nackt- und Gehäuseschnecken an.

SCHATTENARTEN

- LICHTER SCHATTEN wird von Gebäuden, Wänden oder Zäunen geworfen.
- STREUSCHATTEN wird im Sommer vom Blätterdach der Laubbäume geworfen.
- HALBSCHATTEN bewegt sich weiter, wenn die Sonne über den Himmel zieht.
- TIEFER SCHATTEN ist unter dichten Bäumen oder zwischen hohen Gebäuden.

SONNENSCHUTZ FÜR PFLANZEN
Schattenpflanzen wie Waldmeister (Galium odoratum) *brauchen einen Schutz vor starker Sonnenstrahlung, wenn sie im Sommer nicht verbrennen sollen.*

▲ LUFTFEUCHTIGKEIT
Kühler, feuchter Schatten an einem Standort, der vor den warmen, austrocknenden Sommerwinden geschützt ist, ist ideal für Farne.

◀ SPEICHERN DER FEUCHTIGKEIT
Lichter Schatten schützt den Boden vor direkter Sonneneinstrahlung.

GARTENGESTALTUNG

Es bietet sich an, die Farbpalette der Schatten liebenden Pflanzen zur Schaffung raffinierter Pflanzgruppen zu nutzen, die die verschiedensten Schattierungen von Blau, Grau, Grün und Gold miteinander kombinieren. Die Formen des Blattwerks und die verschiedenen Oberflächengestaltungen stehen miteinander in Kontrast und harmonieren gleichzeitig – und sie überdauern die kurze Blütezeit der Schatten liebenden Pflanzen, so dass sie sich zu einem Muster verweben lassen, das Blickpunkte im Garten schafft.

Es erscheint zunächst, als hätten diese Variationen der Pflanzen- und Wuchsform dem Auge weniger zu bieten als die leuchtend bunten Blüten der Sonnenpflanzen, aber gerade diese Variationen können genauso schön sein. Es gibt niedrige Bodendecker wie Waldmeister *(Galium)* sowie die auffällige Pracht der Rhododendren, so dass vielerlei Zusammenstellungen möglich sind, die von der Größenstaffelung und den fließenden Übergängen leben, deutliche Blickpunkte setzen und ein Gefühl der Weite vermitteln können.

Die Farben der Schattenpflanzen liegen im Spektrum weicher, meist pastelliger Farben. Die Wirkung kann noch erhöht werden, indem man Blattpflanzen einsetzt *(siehe S. 14–15)*, deren Blätter in weißen, cremefarbenen und goldenen Farbtönen marmoriert, gestreift oder gefleckt sind.

ÜBERHÄNGENDE ÄSTE

Wenn der Baum in Nachbars Garten unerwünschten Schatten in den eigenen Garten wirft, sollte man in einem freundlichen Gespräch den Eigentümer des Baums bitten, die störenden Äste selbst zurückzuschneiden. Wenn die Äste die wirtschaftliche Nutzung des eigenen Grundstückes stark beeinträchtigen, darf man ihm dafür eine Frist setzen.

SCHATTENARTEN

IN EINEM GARTEN WIRD sich die Schattensituation oft aus der Kombination verschiedener Arten von Schatten ergeben. Wie viel Schatten da ist, ändert sich jeden Tag und mit jeder Jahreszeit. Ausreichendes Verständnis für die verschiedenen Schattenarten sowie für die Ausprägung der Schattensituation nach Dauer und Intensität ist von unschätzbarem Wert, wenn man Pflanzen auswählen will, die in den Lichtverhältnissen eines Gartens gut wachsen sollen.

LICHTER SCHATTEN UND STREUSCHATTEN

Im Deutschen gibt es den schwammigen Begriff »Halbschatten«, unter dem man meist mehrere sehr unterschiedliche Schattensituationen zusammenfasst: den lichten Schatten, den Streuschatten und den eigentlichen Halbschatten *(siehe Seite 1)*.

Die Schattensituationen, mit denen Pflanzen am besten zurechtkommen, sind lichter und Streuschatten. Selbst Pflanzen, die viel Sonne brauchen, können sich dort gut entwickeln, auch wenn sie »hochbeinig« werden können.

Unter lichtem Schatten versteht man den dauerhaften Schatten, den ein Gebäude oder eine Wand auf Standorte werfen, die ansonsten nach oben hin offen sind. Diese Situation kommt auch an Gehölzrändern oder am Rand eines geschlossenen Baumbestandes vor. Die Auswirkungen des lichten Schattens werden im Winter am deutlichsten, wenn die Pflanzen sich in Wachs- und Keimruhe befinden. In der Vegetationsperiode, wenn die Sonne höher am Himmel steht, bedeutet lichter Schatten lediglich die Abwesenheit direkter Sonneneinstrahlung. In warmen Klimazonen ist diese Art von Schatten ein echter Vorteil, denn hier können die Sommertemperaturen sehr hoch werden, vor allem an geschützten Standorten.

Unter Laubbäumen ist der Schatten »gefleckt« oder »gestreut«, weil der Flickenteppich aus unterschiedlich intensiven Licht- und Schattenflecken sich ständig bewegt.

SONNENSCHUTZ *Lichter Schatten am Rand eines Baumbestandes bietet Pflanzen wie dem Fleißigen Lieschen* (Impatiens), *die unter direkter Sonneneinstrahlung verdorren und vergehen können, ideale Bedingungen.*

◀ HALBSCHATTEN
Diese Rabatte wird im Laufe des Tages vom Schatten überwandert. Im Hochsommer kann dieses Beet bis zu sechs Stunden Sonnenschein am Tag erhalten, während es im Winter nur zwei Stunden sind.

▼ STREUSCHATTEN
Unter den Kronen der Laubbäume ist die Intensität des Schattens je nach Tages- und Jahreszeit verschieden.

Von einer Jahreszeit zur anderen bestehen meist krasse Unterschiede. Viele Frühjahrsblüher haben sich an diesen Ablauf angepasst und beenden ihre Blütezeit, bevor sich das Blätterdach schließt.

HALBSCHATTEN

Während die Sonne über den Himmel wandert, liegt ein Standort mit Halbschatten täglich zwei bis sechs Stunden in der Sonne. Diese Situation ist ideal für

> Viele Frühjahrsblüher blühen in der Zeit vor dem Schließen der Baumkronen

Pflanzen, die sehr sonnenhungrig sind. Der große Vorteil des Halbschattens ist, dass die Pflanzen in der Mittagshitze nicht so schnell verbrennen. Dieser Welkschutz ist im Süden besonders wichtig. Selbst in kühleren Klimazonen sollte man den Vorteil des mittäglichen Schattens nicht unterschätzen. Morgendlicher Schatten dagegen hält die kühle Nachtluft zurück, die Schatten liebende Pflanzen zu schätzen wissen.

Tiefer Schatten

Diese Art von Schatten tritt unter dichten, immergrünen Bäumen und Sträuchern auf, aber auch am Fuß von hohen Mauern oder in Durchgängen zwischen hohen Gebäuden. Wenn Pflanzen im tiefen Schatten von Bäumen oder Büschen wachsen, müssen sie oft auch noch mit nährstoffarmem, trockenem Boden zurechtkommen.

Über eine Anpflanzung im tiefen Schatten muss man gründlich nachdenken, aber man hat durchaus mehrere Möglichkeiten, die Pflanzbedingungen zu verbessern. Zunächst muss man Pflanzen auswählen, die Schatten liebend sind. Solche Pflanzen sind von Natur aus Bewohner des Waldbodens oder anderer schattiger Nischen. Der Boden unter Laub- und Mischwäldern enthält aufgrund des jährlichen Laubfalles viel organische Substanz und ist dadurch gut belüftet und wasserhaltend. Diese Bedingungen müssen nachgeahmt werden, indem man dem Boden beim Pflanzen organisches Material zuführt *(siehe S. 48)* und jährlich im Frühjahr eine Mulchschicht aufbringt *(siehe S. 50)*. Zu Mauern sollte beim Pflanzen ein Abstand von 45 cm gehalten werden, damit der Regenschatten sich nicht so stark auswirkt.

> Das Aufbringen einer dicken Mulchschicht im Frühjahr schützt vor Trockenheit

Man kann die Lichtintensität an einem Standort entweder verstärken, indem man die umgebenden Wände weiß streicht oder durch den Gebrauch von Spiegeln und hellfarbigen Pflastersteinen oder Kies. Ein unbepflanzter Brunnen (Wasserpflanzen brauchen Sonne), vor allem einer, bei dem das Wasser ständig in Bewegung ist, bringt ebenfalls etwas Glanz an einen schattigen Standort und reflektiert das Licht.

PFLANZEN UNTER EINEM BLÄTTERDACH
Diese Pflanzgruppe wächst in feuchtem Boden, der von voll im Laub stehenden Bäumen beschattet wird. Am Rande des Blätterdaches wachsen buntlaubige Schwertlilien.

TROCKENER SCHATTEN

Sowohl für den Gärtner als auch für die Pflanzen ist die schwierigste Gartensituation der trockene Schatten, der im Regenschatten von Wänden und unter dem Blätterdach dichter oder immergrüner Gehölze auftritt und vor allem dort, wo flachwurzelnde Bäume und Sträucher das ganze Wasser für sich beanspruchen. Im Regenschatten kann der Wasservorrat des Bodens durch Regen allein nicht aufgefüllt werden. Das große Blattwerk, durch das sich viele Schattenpflanzen auszeichnen, weil sie damit das verfügbare Licht besser ausnutzen können, trägt noch zu dem Problem bei, weil die großen Blätter höhere Wasserverluste haben.

Nur wenige Pflanzen können im trockenen Schatten wachsen, so dass die Möglichkeiten begrenzt sind – deswegen sollte man trockenen Boden verbessern. Dazu wird zur Pflanzzeit organisches Material eingearbeitet und im Frühjahr feuchtigkeitsspeichernder Mulch aufgebracht. Trockene Verhältnisse durch flache Wurzeln kann man mit einer Folie, die kurzfristig die Feuchtigkeit an der Pflanze zurückhält, verändern.

▲ FEUCHTE PRACHT
Feuchter Schatten ist der ideale Standort für Ajuga reptans *und* Cardamine pratensis, *die von Natur aus an diesen Stellen wachsen.*

▼ AN DER GRENZE
Tiefer, trockener Schatten ist einer der problematischsten Standorte, wird aber von einer Reihe von Pflanzen vertragen, wie von diesem bodendeckenden mehrjährigen Beinwell.

Blattpflanzen für den Schatten

PFLANZGRUPPEN IN VERSCHIEDENEN VARIATIONEN des Blattwerks sind die Eckpfeiler des Schattengartens. Laub bleibt immer interessant – bei immergrünen Pflanzen sogar das ganze Jahr über. Die Schönheiten des Blattwerks stehen keineswegs hinter der oft kurzlebigen Schönheit von Blüten zurück. Blattpflanzen sind sowohl nützlich als auch schön, wenn man sie als Unkraut unterdrückende Bodendecker einsetzt oder, um schattige Ecken aufzulockern.

Form und Funktion

Die unterschiedlichen Größen, Formen und Oberflächen machen das Blattwerk der Schattenpflanzen so interessant. Durch die vergrößerte Blattfläche nutzen die Pflanzen das geringe Lichtangebot bestmöglich aus. So haben z. B. viele Farne zahlreiche winzige Fiederblättchen, während die Funkien breite, flache Blätter ausbilden. Beim Salomonssiegel *(Polygonatum)* stehen die Blätter so im Winkel zur Sonne, dass sie besonders viel Sonne bekommen.

> Schattenpflanzen fangen durch breit gefächertes Blattwerk und große Blätter das Licht ein

▲ BLATTWERK ALS BODENDECKER *Hier schafft buntlaubiger Geißfuß* (Aegopodium podagraria) *einen lichtreflektierenden Teppich unter spanischen Blausternen im Streuschatten.*

◄ STUFENWIRKUNG *Hier kontrastieren die groben Blätter des Beinwells mit den Blättern eines Zwergholunders* (Sambucus)*.*

▲ IN GUTER GESELLSCHAFT
Auch Pflanzen, die hauptsächlich wegen ihrer Blüten gezogen werden (hier Geranium tuberosum *und* Tulipa greigii), *können hübsche Blattkompositionen bilden, die man auch dann noch gern ansieht, wenn die Blüte vorbei ist.*

◄ REICHE FORMEN UND STRUKTUREN
Blattpflanzen in den unterschiedlichsten Formen, Farben und Strukturen bilden auf einem schattigen Randbeet oder in Pflanzgefäßen den perfekten Hintergrund.

Buntes Blattwerk

Im Schatten sind die Glanzpunkte, die man durch die verschiedenen Schattierungen von Weiß, Cremefarben und Gold in Form von Klecksen, Punkten oder Streifen setzen kann, von unschätzbarem Wert. Die sanften Farben können hier fast leuchten. Man muss allerdings daran denken, dass in den bunten Bereichen eines Blattes das Chlorophyll fehlt, also der grüne Farbstoff, der bei Pflanzen die Energie aus dem Sonnenlicht auffängt und in Nährstoffe umwandelt.

Die verringerte Grünfläche der Blätter führt dazu, dass viele buntlaubige Pflanzen, vor allem Efeuarten, im tiefen Schatten das bunte Laub verlieren und grün werden. Die geringere Vitalität der buntlaubigen Pflanzen kann sich aber auch als Vorteil auswirken, vor allem bei grünlaubigen Sorten, die wuchern, wie Geißfuß und Immergrün.

INTERESSANTES BLATTWERK FÜR DEN SCHATTEN

IMMERGRÜNE BLÄTTER

Ajuga reptans
Bergenia viele
Efeu *(Hedera helix)*
Euphorbia amygdaloides* var. *robbiae
Farne die meisten
Feuerdorn *(Pyracantha)*
Fleischbeere *(Sarcococca)*
Immergrün *(Vinca)* die meisten
Mäusedorn *(Ruscus)*
Pachysandra terminalis
Stechpalme *(Ilex)* viele
Veilchen *(Viola odorata)*

BUNTLAUBIGE BLÄTTER

Leichter bis mäßiger Schatten

Cyclamen hederifolium, Euonymus fortunei Sorten, ***Hedera helix*** viele, ***Hosta*** viele

Mäßiger Schatten

***Convallaria majalis* ›Albostriata‹, *Lunaria annua* ›Variegata‹, *Polygonatum* x *hybridum* ›Striatum‹, *Tolmiea menziesii* ›Taff's Gold‹**

Mäßiger bis tiefer Schatten

Ajuga reptans Sorten, ***Asarum hartwegii, Aucuba japonica, Brunnera macrophylla, Fatsia japonica, Lamium***

Blütenpflanzen für den Schatten

Pflanzen, die im Schatten blühen, weisen eine eher gedeckte Farbpalette auf, in der sich Schattierungen von Gelb, Weiß und Cremefarben, blassem Rosa und Lila sowie kühle Blautöne finden. Diese Farben zeigen sich hier von ihrer besten Seite, da sie vor der ausbleichenden Wirkung des Sonnenlichts geschützt sind. Die Farben werden noch verstärkt, und die sanften Farbtöne scheinen zu leuchten vor dem üppigen Hintergrund aus prächtigem grünem Blattwerk.

Gemischte Pflanzgruppen

Es ist wichtig, die Pflanzgruppen so zu mischen, dass in jeder Jahreszeit ein Blickfang da ist. Für Schattenstandorte eignen sich am besten solche Blütenpflanzen, die von Natur aus im Schatten wachsen und aus denen Kultursorten gezüchtet oder ausgewählt wurden.

Die Schattenpflanzen blühen meist zwischen Winterende und Frühsommer, bevor das Blätterdach der Bäume sich schließt. Das Lichtangebot verringert sich enorm, sobald der Baum voll im Laub steht, so dass nun Pflanzen mit hübschen Früchten oder Blättern wichtig sind.

Viele Pflanzen aus Wäldern und Parks blühen im Frühjahr

GEMISCHTE ZIERDE
Ajugas *bedecken den Boden zwischen Frühling und Frühsommer mit einem Farbmantel. Später wirkt das bodendeckende Blattwerk als Bühne für die Sommerblüten der Funkien.*

▲ FRÜHJAHRSBLÜHER DES WALDES
Die intensiven Blüten von Vergissmeinnicht und Lungenkraut haben hier einen prächtigen Frühjahrsauftritt.

◄ IMMER EIN INTERESSANTER ANBLICK
Wenn Blaustern und Dreiblatt verblühen, kommt Rodgersia aesculifolia *mit seinen Blättern und Blüten richtig zur Geltung.*

Verlängerung der Blüte

Echte Schattenpflanzen blühen im Schatten immer gut und lange, während Pflanzen, die lediglich schattenverträglich sind, bei geringem Lichteinfall oft nur zögerlich blühen. Besonders einjährige Pflanzen und schnell wachsende Kletterpflanzen gedeihen oft besser, wenn sie im Frühjahr etwas Dünger erhalten, aus dem die Nährstoffe langsam freigesetzt werden. Wenn die Blüten immer noch spärlich ausfallen, unterstützt ein Dünger mit hohem Kaliumgehalt, z. B. ein Tomatendünger, die Pflanze.

PFLANZEN VON BESONDEREM WERT

LANGLEBIGE BLÜTEN

Begonia semperflorens, B. coccinea
Europäischer Scheinmohn *(Meconopsis cambrica)*
Fingerhut *(Digitalis)*
Fleißiges Lieschen *(Impatiens)*
Funkien die meisten
Herbstanemonen *(Anemone* x *hybrida)*
Jakobsleiter *(Polemonium)*
Lamium die meisten
Lonicera periclymenum
Tabakpflanzen *(Nicotiana sylvestris, N.* x *sanderae* Sorten, ***N.* ›Lime Green‹)**

LANGE ANSEHNLICH

Arum italicum Frühjahrsblüher, gutes Winter-Blattwerk, orangefarbene Beeren im Herbst.
Astilben Schönes Blattwerk, Sommerblüher, trockene Blütenstände im Herbst und Winter.
Cyclamen hederifolium Herbstblüher, guter Bodendecker im Winter, marmorierte Blätter.
Funkien Schönes Blattwerk, guter Bodendecker, duftende Blüten im Sommer.
Liriope muscari Immergrün, gute Bodendeckung, Herbstblüher, verträgt trockenen Schatten.
Pyracantha Immergrünes Laub, Frühjahrsblüher, bunte, winterharte Beeren.

PFLANZEN FÜR DAS FRÜHJAHR

WENN DIE TAGE LÄNGER WERDEN, wächst die Erwartung im Schattengarten: Knospen brechen auf und enthüllen die üppigen Grüntöne und leuchtenden Schattierungen des sich entfaltenden Laubs. Vor allem trifft das auf die noch eingerollten Farnwedel in Rosatönen oder Kastanienbraun zu. Pflanzen, die im Frühjahr blühen, bilden Glanzpunkte, die wie Edelsteine leuchten und später aus den unterschiedlich geformten und gefärbten Blättern hervorlugen.

PLANUNG LOHNT SICH

Der Frühling ist ohne Zweifel die Jahreszeit, für die die Planung am leichtesten fällt. Da gibt es so viele geeignete Pflanzen, dass es schwer sein kann, dem Reiz zu widerstehen, einen Standort ganz mit frühjahrsblühenden Arten zu besetzen. In Gärten mit saurem Boden ist die Versuchung groß, an jeder verfügbaren Stelle Kamelien und Rhododendren dicht nebeneinander zu setzen. Man sollte darauf achten, dass keine Lücken oder langweiligen Stellen in einer Pflanzgruppe auftreten, indem man Frühjahrsblüher zwischen andere Pflanzen setzt, die später deren Platz einnehmen.

FRÜHJAHRSFARBEN
Verschiedene Narzissen bringen Farbe in einen Teppich frischer Elfenblumenblätter, die ein wenig später ihre Pracht entfalten werden.

DIE FRÜHJAHRS-SONNE EINFANGEN *Im Streuschatten unter Laubbäumen bieten frühjahrsblühende Zwiebeln wie die Zahnlilie* (Erythronium revolutum) *dem Auge Farbtupfer an, bevor sich das Blätterdach schließt und die Sonneneinstrahlung sich verringert.*

Pflanzen und schützen

Ganze Teppiche von Schneeglöckchen, Winterlingen oder Anemonen sind im Vorfrühling ein prächtiger Anblick. Die schönste Wirkung wird erzielt, wenn Zwiebeln und mehrjährige Pflanzen locker über eine Fläche verstreut gepflanzt werden. Dazu streut man sie einfach über den Boden und pflanzt sie

> Am natürlichsten wirken Gartenpflanzen, wenn man sie verstreut pflanzt

dort ein, wo sie hingefallen sind. Ähnlich bildet man bei mehrjährigen Pflanzen Gruppen mit einer ungeraden Anzahl, also drei, fünf oder sieben, und achtet darauf, sie nicht in geometrischen Anordnungen zu pflanzen.

Herbst ist die richtige Zeit, um die Zwiebeln der Frühjahrsblüher zu pflanzen. Das Frühjahr ist auch die Zeit, in der die Schnecken hervorkommen – die schlimmsten Feinde der Schattenpflanzen. Es gibt einige Maßnahmen, um die Zahl dieser Schnecken einzudämmen *(siehe S. 52)*.

ERPROBTE MISCHUNGEN

ZWIEBELN IM VORFRÜHLING
Anemone blanda
Schneeglöckchen *(Galanthus)*
Winterlinge *(Eranthis hyemalis)*

STAUDEN IM VORFRÜHLING
Bergenias
Buschwindröschen *(Anemone nemorosa)*
Christrosen (Schneerosen, *Helleborus*)
Lungenkraut *(Pulmonaria)*
Primeln *(Primula vulgaris)*

ZWIEBELN IM SPÄTFRÜHLING
***Arum italicum* ›Marmoratum‹**
Blausternchen *(Scilla siberica, S. hispanica)*
Märzenbecher *(Leucojum vernum)*
Märzveilchen die meisten
Milchstern *(Ornithogalum)*
Sternhyazinthe *(Hyacinthoides)*

STAUDEN IM SPÄTFRÜHLING
Brunnera
***Chelidonium majus* ›Flore Pleno‹**
Elfenblume
Geranium phaeum
Lamium maculatum
Dreiblatt

Pflanzen für den Sommer

Sobald die Frühjahrsblüten verblüht sind, beginnen ihre Begleiter, die Sommerpflanzen, ihre volle Schönheit in den kühlen, feuchten, gleichmäßigen Bedingungen des Schattens zu entfalten. Die meisten dieser Pflanzen werden wegen ihres Blattwerks gepflanzt, das man so anordnet, dass es seine eigene Anziehungskraft entfalten kann, oder so, dass es einen üppigen Hintergrund für die kostbaren Juwelen der im Sommer blühenden Pflanzen bildet.

Gezielte Auswahl

Verglichen mit den zahlreichen Schatten liebenden Frühblühern ist die Auswahl bei den sommerblühenden Arten recht begrenzt. Wählen Sie solche Pflanzen aus, die für eine lange Blütezeit bekannt sind oder die anderweitig gut aussehen. *Clematis tangutica* z. B. bringt im Sommer zahlreiche leuchtend gelbe Blüten hervor, denen flaumige Fruchtstände folgen.

Farne bieten monatelang einen schönen Anblick, der mit dem Ausrollen der jungen Wedel im Frühjahr beginnt und sich mit dem Spiel des Lichts auf den Wedeln im Sommer fortsetzt. Auch Funkien haben ein schönes Laub sowie eine ganze Anzahl mehrjähriger, ein- und zweijähriger Pflanzen. Viele Tabakpflanzen (Nicotiana), von denen viele abends duften, und auch Herbstanemonen *(Anemone* x *hybrida)* werden wegen ihrer langen Blütezeit im Sommer geschätzt.

SOMMERBLICKFANG
Farne (Dryopteris) *und Funkien* (Hosta fortunei *var.* aureomarginata) *sehen ab Frühsommer gut aus. Das Blattwerk wirkt durch die Blütenstände der Funkien noch schöner.*

STÄNDIGE BLÜTE
Diese Gruppe aus Herbstanemonen (Anemone x hybrida), *Sterndolden und Malven stellt im Sommer über viele Monate ihre Blüten zur Schau.*

Zum Blühen anregen

Das Entfernen verblühter Blüten regt bei den meisten Pflanzen die Bildung weiterer Blüten an, vor allem dann, wenn ein ausgewogener Dünger aufgebracht wird. Viele Schatten liebende Einjährige sind so robust, dass man sie im Herbst und im Frühjahr säen kann, so dass die im Herbst gesäten Pflanzen bereits im Frühsommer blühen und die im Frühjahr gesäten danach.

Zweijährige Pflanzen wie Fingerhut blühen im Frühsommer, wenn sie im vorigen Jahr im späten Frühjahr gesät werden.

INTERESSANTE SOMMERPFLANZEN

SCHÖNES BLATTWERK

Ajuga reptans
Alchemilla die meisten
Astilben
Farne die meisten
Funkien die meisten
Immergrün *(Vinca)*
Kirengeshoma palmata
Lamium
Rodgersia
Shortia galacifolia
Vancouveria hexandra

NACKTSCHNECKEN-RESISTENT

Actaea
Astilben die meisten
Begonia grandis **subsp.** *evansiana*
Brunnera macrophylla
Christrose *(Helleborus)*
Eisenhut *(Aconitum)*
Epimedium
Fingerhut *(Digitalis)* die meisten
Günsel *(Ajuga)*
Jakobsleiter *(Polemonium)*
Waldmeister *(Galium odoratum)*

PFLANZEN FÜR HERBST UND WINTER

WENN DER SOMMER IN DEN HERBST übergeht, blüht im Garten weniger, so dass sich die Aufmerksamkeit auf andere Eigenheiten der Pflanzen richtet. Im Herbst werden Pflanzen mit schönem Laub sehr wichtig, und es ist die Zeit für Früchte, Beeren und Fruchtstände, von denen viele bis in den Winter hinein überdauern und atemberaubend aussehen, wenn sie mit Rauhreif überzogen sind. Im Winter ragen die kahlen Umrisse der Bäume und Sträucher in den Himmel.

HERBSTPRACHT

Gegen Ende der Vegetationsperiode gibt es nur wenige Pflanzen, die im Schattengarten blühen – um so wichtiger ist ein Platz, an dem sie richtig zur Geltung kommen. Dem Farbteppich des *Cyclamen hederifolium* folgen silberbunte Blätter, die selbst auf trockenem Boden eine dichte Matte bilden. Von *Iris foetidissima* sollte man die leuchtend orangefarbenen Samen aus nächster Nähe sehen können, betont durch die violetten Blütenstände des *Liriope muscari* – beide gedeihen im trockenen Schatten.

Die Samenstände der Astilben und des Silberblatts belässt man als Blickfang im Herbstgarten, am besten zusammen mit farbigen Gräsern. Viele Beeren tragende Pflanzen wirken schön im Herbst, von den Fruchtständen des Aronstabs, den rotfrüchtigen Christophskrauts bis hin zu Zwergmispel und Feuerdorn. Diese Pflanzen setzt man am besten vor dem Hintergrund des Herbstlaubs von Felsenbirne und Prachtglocke.

> Samenstände, Beeren und schöne Herbstfärbung kann man nutzen

► HERBSTJUWEL
Die geäderten Blätter der Rodgersia pinnata *färben sich im Herbst in verschiedenen Rot- und Brauntönen.*

▼ BLÜTENGLUT
Die violetten Blüten des Schlangenbartes bringen Farbe in Standorte mit trockenem Schatten.

WINTERGOLD
Das elegante, wie eine Vase geformte Astwerk der Zaubernuss ist im Vorfrühling mit filigranen gelben Blüten besetzt; das macht diesen Strauch zu einem idealen Begleiter für die ersten Frühjahrsblüher.

Winterharte Zierde

Während der trüben Wintermonate bleibt der Schattengarten interessant, weil an Sträuchern und Bäumen die Beeren und Fruchtstände sitzen, die beim herbstlichen Ausputzen des Gartens an Stauden und Gräsern blieben. Einige Farnarten, z. B. *Onoclea sensibilis* und *Osmunda regalis*, zeigen weiterhin ihre dunklen fruchtbaren Wedel, während immergrüne Pflanzen wie die buntlaubigen Formen von *Aucuba japonica* und *Euonymus fortunei* Farbtupfer in die Winterlandschaft setzen.

Die kahlen Zweige von Sträuchern wie Aralien und Zaubernuss zeigen sich im Winter in ihrer Eleganz. Das lichte Astwerk lässt kostbares Licht durch, das dafür sorgt, dass sich ganze Teppiche von Winterlingen oder Schneeglöckchen *(Galanthus)* entwickeln können. Diese Zwiebelpflanzen künden das Herannahen des Frühlings an und damit einen neuen Lauf der Jahreszeiten.

Für Herbst und Winter

HERBSTBLÜTEN

Cimicifuga simplex
Gentiana asclepiadea
Hydrangea paniculata, H. quercifolia, H. serrata
Kirengeshoma palmata
Liriope muscari
Tricyrtis formosana, T. hirta

BEEREN IM HERBST UND WINTER

Callicarpa bodinieri
Skimmie
Schneebeere *(Symphoricarpus)*
Stechpalme *(Ilex)*

SCHÖNE WINTERBLÜTEN

Cornus mas
Carrya elliptica
Fleischbeere *(Sarcococca)*
Mahonia aqifolium, M. x *intermedia*
Zaubernuss *(Hamamelis)*

PFLANZPLÄNE FÜR DEN SCHATTEN

SCHATTIGE RABATTEN

BEI DER PLANUNG JEGLICHER ANPFLANZUNGEN möchte man als Gärtner den Garten so gestalten, dass er möglichst lange interessant bleibt. Auf sonnigen Standorten kann man das durch die Auswahl von Pflanzen mit einer langen Blütezeit erreichen, aber im Schatten sind Unterschiede in Laubform, Farbe und Oberflächenbeschaffenheit viel wichtiger. Einfallsreiche Anordnungen von Blattwerk können eine eigenständige Schönheit besitzen.

GELBLAUBIGE PFLANZEN

Pflanzen mit gelbem Laub bringen Farbe in eine schattige Rabatte. So ergänzt man eine Farbpalette mit etwas Glanz und Wärme. Viele gelblaubige Pflanzen welken rasch, wenn sie in der vollen Sonne stehen, so dass sie sich am besten präsentieren, wenn sie zum Schutz etwas Schatten erhalten, vor allem während der heißesten Stunden des Tages. Pflanzen mit weißen, creme- oder goldfarbenen Aufhellungen der Blätter haben außerdem die sehr positive Wirkung, dass sie den Eindruck von Sonneneinstrahlung vermitteln, so dass man mit ihnen dunkle oder düstere Ecken einer Rabatte aufhellen kann. Man muss allerdings daran denken, dass einige buntlaubige Pflanzen (vor allem Efeuarten) mehr Sonnenlicht brauchen als ihre schattenverträglicheren grünblättrigen Verwandten, wenn sie ihre bunten Laubmuster voll entfalten sollen.

LICHTZEICHNUNGEN *Die heiße Mittagssonne führt bei gelblaubigen Pflanzen oft zu Verbrennungen, so dass viele davon zumindest einen Teil des Tages Schatten brauchen, um optimal wachsen zu können.*

◀ LICHT IM DUNKEL *Schmale Beete an Gebäuden müssen nicht langweilig sein.*

Eine schattige Rabatte

Diese abgeschattete Rabatte wirkt im Hochsommer wunderschön, hervorgerufen hauptsächlich durch Grün- und Goldtöne mit jahreszeitlich bedingten Farbtupfern in Blau (*Brunnera macrophylla* ›Dawson's White‹) und Tiefgelb (*Meconopsis cambrica*). Pflanzen, die wie Skulpturen wirken, z. B. Engelwurz, Funkien und Wolfsmilch, sorgen für Höhe und Blickfänge, zu deren Füßen Frauenmantel und Günsel den Boden bedecken.

PFLANZPLAN

1. 3 × *Funkie* ›Birchwood Parky's Gold‹, 75 cm Abstand
2. 5 × *Meconopsis cambrica* 🏆, 25 cm Abstand
3. 3 × *Alchemilla mollis*, 75 cm Abstand
4. 5 × *Lunaria annua* ›Variegata‹, 30 cm Abstand
5. 1 × *Euphorbia characias* subsp. *wulfenii*, Breite 1,20 m
6. 3 × *Ajuga reptans* ›Variegata‹ 🏆, 50 cm Abstand
7. 1 × *Hedera helix* ›Buttercup‹, an der Wand bis 2 m Höhe
8. 3 × *Hakonechloa macra* ›Aureola‹, 40 cm Abstand
9. 3 × *Brunnera macrophylla* ›Dawson's White‹, 60 cm Abstand
10. 1 × *Angelica archangelica*, Breite 1,20 m
11. 3 × *Funkie* ›Gold Standard‹, 75 cm Abstand

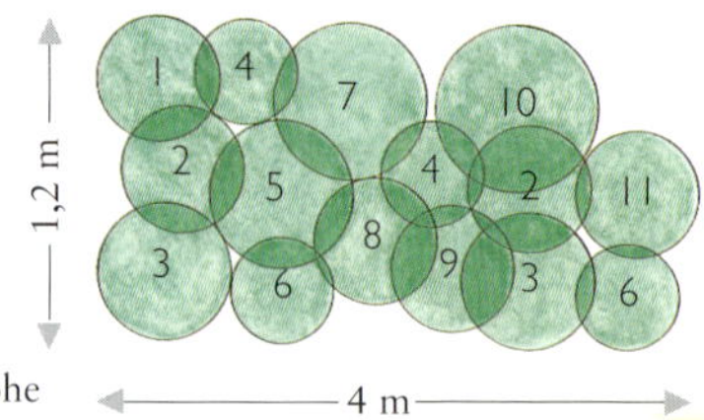

Euphorbia characias subsp. *wulfenii* hat elegante immergrüne Blätter und auffallende Blütenstände ab dem Frühjahr.

Die Funkie ›Birchwood Parky's Gold‹ bildet Horste aus goldfarbenem Laub.

EUROPÄISCHER SCHEINMOHN
Meconopsis cambrica *ist ein gelbblütiger, mehrjähriger Mohn, der den gesamten Sommer über blüht.*

Alchemilla mollis ist eine selbstaussamende mehrjährige Pflanze, deren Ausbreitung sich leicht kontrollieren lässt.

ERZENGELWURZ
Angelica archangelica *ist eine stattliche zweijährige Pflanze mit im Sommer großen Dolden gelbgrüner Blüten. Selbstaussamend.*

MEHR AUSWAHL

HOHE PFLANZEN
Aesculus parviflora
Angelica gigas
Aralia elata 🏆
x *Fatshedera lizei* 🏆
Kirengeshoma palmata
Matteuccia struthiopteris
Rheum palmatum 🏆
Rodgersia pinnata
Sambucus nigra ›Laciniata‹ 🏆, *S. racemosa* ›Plumosa Aurea‹

BODENDECKER
Alchemilla alpina
Pachyphragma macrophyllum
Pachysandra terminalis 🏆
Pulmonaria viele Arten
Sanguinaria canadensis ›Plena‹
Saxifraga x *urbium*
Tellima grandiflora
Tiarella cordifolia 🏆
Waldsteinia ternata

Hedera helix ›Buttercup‹ ist ein mäßig wüchsiger Efeu, der sich ideal für schattige Wände eignet. Die hellgrünen Blätter werden in der Sonne leuchtend gelb.

Lunaria annua ›Variegata‹ ist ein selbstaussamendes ein- oder zweijähriges Silberblatt, dessen roten Frühjahrsblüten flache, silbrige Samenschoten folgen.

Die Funkie ›Gold Standard‹ hat herzförmige Blätter in Schattierungen von Cremefarben, Gelb und Grün.

Ajuga reptans ›Variegata‹ bildet das ganze Jahr über einen dichten Teppich mit blauen Blüten.

Hakonechloa macra ›Aureola‹ bildet mit seinen goldfarbenen Blättern elegante Büschel.

Brunnera macrophylla ›Dawson's White‹ erfreut durch schöne Blätter nach den winzigen blauen Blüten im Frühsommer.

Schattige Stadtgärten

Einen beengten Stadtgarten sollte man nie als Raum betrachten, mit dem nichts anzufangen ist. Stattdessen muss man einen solchen Garten als Gelegenheit sehen, um eine Oase der Ruhe vor dem Lärm, der Hitze und dem Staub der Stadt zu schaffen. Viele Mauern bieten den perfekten Hintergrund für einen Garten im Innenhof, dessen Konturen durch üppiges Blattwerk weicher werden und in dem Sommerblumen für Licht und Glanz sorgen.

Ein Garten im Innenhof

Ein schöner gepflasterter Bereich mit Kübelpflanzen ist die ideale Lösung für einen Stadtgarten, in dem es keine Erde gibt. Der geschützte, warme Standort in einem städtischen Innenhof erweitert fast immer die Auswahl an Pflanzen, die hier gedeihen. Die Kübel kann man mit verschiedenen Pflanzerden füllen, je nach Bedürfnis der jeweiligen Pflanze. Bei Pflanzkübeln gibt es eine reiche Auswahl, so dass man sie passend zur jeweiligen Gestaltung des Gartens aussuchen und mit einbeziehen kann. Bis auf die allergrößten Kübel kann man sie alle versetzen, so dass man das Licht besser ausnutzen oder den Garten verändern kann.

Praktische Tipps

- Das verfügbare Licht lässt sich besser ausnutzen, wenn man die umgebenden Wände mit reflektierender Wandfarbe streicht.
- Für Gartenwege und gepflasterte Bereiche wählt man helle Pflastersteine, Erde deckt man mit Kies ab. So hält man auch Unkraut in Schach.
- Ein Spiegel reflektiert das Licht und schafft die Illusion von mehr Platz.
- Bei Pflanzkübeln muss man immer an ausreichend große Drainagelöcher denken.
- Beim Pflanzen in Kübeln benutzt man am besten eine Pflanzerde auf Lehmbasis, die Gewicht, Stabilität und eine lange, gute Nährstoffversorgung verspricht.

STRENGE IM DURCHGANG *Hier wurde ein schmaler Durchgang mit dekorativ geschnittenem Buchs verwandelt. Die weiß gestrichenen Wände reflektieren so viel Licht wie möglich und bringen den Buchs zur Geltung.*

EIN SCHATTIGER INNENHOF

Dieser Pflanzplan im Zustand von Hoch- bis Spätsommer zeigt, wie wertvoll Wände und Zäune sind, um daran Schatten liebende Kletterpflanzen zu ziehen. Sonnenhungrige Pflanzen würden einfach bis ganz oben klettern und dort hauptsächlich die Nachbarn erfreuen. Wie tief der Schatten in einem von Wänden umgebenen Garten wird, hängt vom Einzelfall ab, aber den höchsten Lichteinfall hat man immer im mittleren Bereich. Dieser Teil ist ein idealer Standort für sonnenliebende Pflanzen. Ein Spiegel an der hinteren Wand verstärkt das Licht und gibt die Illusion von Tiefe.

ROSE ›ALBÉRIC BARBIER‹ *ist eine schattenverträgliche, wintergrüne, starkwüchsige Rose, die im Sommer weiße Blüten mit schwachem Duft trägt.*

Nicotiana alata ›Lime Green‹ ist eine einjährige Pflanze mit ungewöhnlich gefärbten Sommerblüten, die im Schatten zu glühen scheinen.

Die *Clematis* ›Alba Luxurians‹ hat graugrünes Laub und von Sommer bis Herbst kleine, glockenförmige, weiße Blüten.

MEHR AUSWAHL

DUFTENDE PFLANZEN

Choisya ternata ♡
Convallaria majalis ♡
Cyclamen hederifolium ♡
Lonicera periclymenum
Nicotiana sylvestris ♡
Rhododendron molle subsp. *japonicum, R. luteum* ♡
Sarcococca die meisten
Viburnum viele
Viola odorata

FÜR KÜBEL

Aucuba japonica ›Crotonifolia‹ ♡
Begonia grandis
Fargersia nitida ♡
Hydrangea serrata ›Bluebird‹ ♡
Osmanthus x *burkwoodii* ♡
Pieris japonica ›Little Heath‹ ♡
Prunus lusitanica ♡
Viburnum carlesii

PFLANZPLAN

1 1 × *Clematis* ›Alba Luxurians‹ ♀, Breiter 1,50 m
2 1 × *Rosa* ›Albéric Barbier‹, Breite 3 m
3 7 × *Nicotiana alata* ›Lime Green‹ ♀, 25 cm Abstand
4 3 × *Anemone* x *hybrida* ›Honorine Jobert‹ ♀, 75 cm Abstand
5 1 × *Hosta* ›Frances Williams‹ ♀, Breite 1 m
6 1 × *Buxus sempervirens* ›Suffruticosa‹ ♀, in Kübeln oder als niedrige Einfassung
7 4 × *Hydrangea quercifolia* ♀, in Kübeln
8 1 × *Rosa* ›New Dawn‹ ♀, Breite 2,5 m
9 1 × *Clematis rehderiana* ♀, Breite 3 m

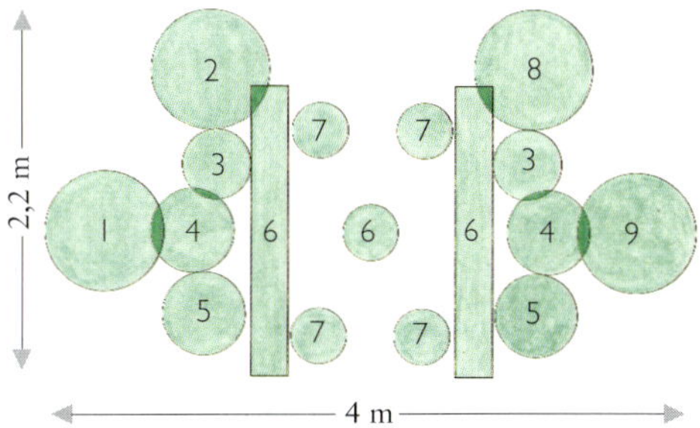

ANEMONE X *HYBRIDA* ›HONORINE JOBERT‹ *zeigt ab dem Hochsommer tassenförmige, leuchtend weiße Blüten zwischen ganzen Büscheln hübscher Blätter.*

Hydrangea quercifolia trägt im Sommer kegelförmige weiße Blüten, denen eine schöne Herbstfärbung folgt.

›New Dawn‹ ist eine gesunde, kräftig wachsende Rose, die im Sommer mehrmals duftende rosa Blüten trägt.

Buxus sempervirens ›Suffruticosa‹ ist der perfekte Zwergbuchs für Beeteinfassungen oder als geschnittener Einzelbaum.

Clematis rehderiana bringt im Hochsommer und Herbst länglich-glockenförmige Blüten in Gelb mit deutlichem Schlüsselblumenduft hervor.

Bei der Funkie ›Frances Williams‹ bildet das steife, gefältelte, blaugrüne Blattwerk beeindruckende Büschel, die mit gelber Marmorierung auffallen.

UNTER BÄUMEN

NUR IN WENIGE GÄRTEN PASST EIN Wald, aber einen oder zwei Bäume haben viele Gärten. Anpflanzungen unter diesen Bäumen sind oft schwierig, weil ihr Wurzelgeflecht Wasser und Nährstoffe aus dem Boden zieht. Manche Bäume haben tiefreichende Pfahlwurzeln anstelle von oberflächlichen Wurzeln. Wenn Sie das Glück haben, solche Bäume im Garten zu haben, oder wenn Sie bei Neuanpflanzungen sorgfältig auswählen, dann kann sich eine Unterpflanzung lohnen.

MEHR LICHT

Manchmal hätte man gern etwas mehr Licht unter Bäumen – vor allem, wenn man vorhat, größere Unterpflanzungen vorzunehmen. Um mehr Licht auf den Boden zu lassen, wird das Blätterdach am besten angehoben oder ausgelichtet (*siehe unten*).

Wenn ein Baum und seine unteren Äste niedrig genug sind, kann man mit einer Baumsäge diese Aufgabe ohne Risiko selbst in Angriff nehmen. Wenn es aber um große Bäume und schweres, dichtes Astwerk geht, ist das Entfernen großer Äste eine gefährliche Angelegenheit, die man einem professionellen Baumpfleger überlassen sollte.

BAUMSCHNITT

Schlechter Baumschnitt kann nur mit Aufwand oder auch gar nicht wieder gutgemacht werden. Auf der Suche nach einem Baumpfleger oder Baumchirurgen sollte man sich also für einen geprüften und empfohlenen Fachmann entscheiden, der sich den Baum ansieht und die Lage einschätzt, bevor er sich an die Arbeit macht. Man lässt sich zusichern, dass das Holz auf Wunsch aus dem Garten entfernt wird und dass die Haftung für irgendwelche Schäden oder Ersatzansprüche bei der Firma liegt.

ENTASTEN DES UNTEREN STAMMBEREICHS *Wenn die unteren Äste entfernt wurden, um den Lichteinfall zu steigern, spricht man von einem »Hochstamm«.*

AUSLICHTEN EINER KRONE *Beim Auslichten werden bis zu ein Drittel der Nebenäste entfernt, damit das Blätterdach des Baumes mehr Licht durchlässt.*

◄ UNTERM BLÄTTERDACH *Hohe Bäume ermöglichen Frühjahrsblüher als bunte Unterpflanzung.*

EINE SCHATTIGE NISCHE

Ein Baum ist oft eine der ersten Pflanzen in einem jungen Garten. Bei einer sorgfältigen Wahl kann man die Anzahl der für eine Unterpflanzung in Frage kommenden Pflanzen erhöhen. Tief wurzelnde Laubbäume mit kahlen Stämmen und lichten Kronen lassen die Pflanzen in ihrem Schatten ohne größere Konkurrenz gut gedeihen. Ein blühender Baum, unter dem blühende Pflanzengruppen stehen (hier im Frühsommer), ist ein schöner Anblick.

STYRAX JAPONICUS
Ein tief wurzelnder, niedriger Baum von lichtem Wuchs, der im Sommer blüht und eine schöne Herbstfärbung hat. Gut geeignet für kleine Gärten und Unterpflanzungen.

Iris sibirica ›Lady of Quality‹ bildet attraktive Horste schmaler, frischgrüner Blätter und zeigt im Frühsommer leuchtend blauviolette Blüten.

Bergenia purpurascens blüht im Frühjahr pupurrot. Die ledrigen, dunkelgrünen Blätter werden im Winter dunkelrot.

Polygonatum x hybridum hat elegante Blätter und glockenförmige, weiße Blüten, die an geschwungenen Stängeln sitzen.

Actaea alba trägt im Frühjahr und Sommer weiße Blüten, denen im Herbst ganze Büschel weißer Beeren folgen.

Primula florindae ist eine mehrjährige, Rosetten bildende Pflanze, die im Sommer duftende, blassgelbe Blüten trägt.

PFLANZPLAN

1 3 × *Iris sibirica* ›Lady of Quality‹, 60 cm Abstand
2 3 × *Bergenia purpurascens* 🏆, 30 cm Abstand
3 1 × *Styrax japonicus*, Breite 8 m
4 3 × *Polygonatum* x *hybridum* 🏆, 30 cm Abstand
5 3 × *Primula florindae* 🏆, 75 cm Abstand
6 3 × *Actaea alba* 🏆, 60 cm Abstand
7 3 × *Aconitum* ›Ivorine‹, 45 cm Abstand
8 3 × *Campanula persicifolia* ›Telham Beauty‹, 75 cm Abstand
9 3 × *Dicentra spectabilis* ›Alba‹ 🏆, 40 cm Abstand
10 3 × *Anemone sylvestris*, 50 cm Abstand
11 1 × *Polystichum setiferum* Divisilobum-Gruppe, Breite 50–70 cm

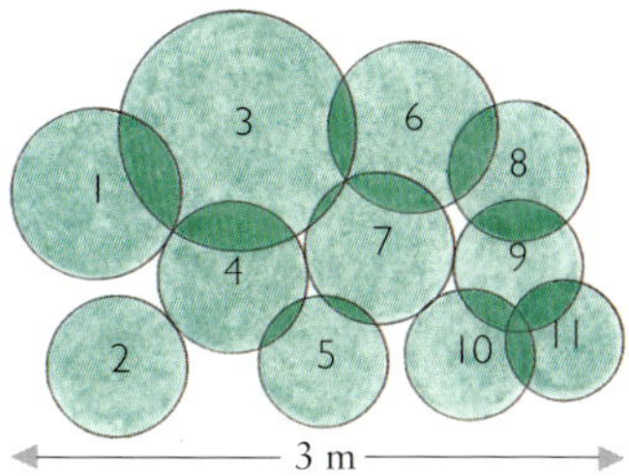

CAMPANULA PERSICIFOLIA ›TELHAM BEAUTY‹ *mit ihren leuchtend blauen Glocken blüht lange, vor allem, wenn die alten Blüten regelmäßig entfernt werden.*

Dicentra spectabilis ›Alba‹ blüht ab dem Frühsommer und länger als die rosablütigen Sorten.

Polystichum setiferum Divisilobum-Gruppe hat fein gefiederte, frischgrüne Wedel.

Aconitum ›Ivorine‹ hat tief geschlitzte, frischgrüne Blätter und trägt im Frühsommer hohe Blütenstände mit cremefarbenen Blüten.

Die mehrjährige *Anemone silvestris* breitet sich rasch aus und zeigt im Spätfrühling und Frühsommer zierliche weiße Blüten.

BÄUME

Gut geeignet zur Unterpflanzung in kleinen Gärten

Acer capillipes 🏆, *A. davidii*
Betula albosinensis
Carya cordiformis 🏆
Celtis occidentalis
Cercis canadensis, vor allem ›Forest Pansy‹ 🏆
Cornus controversa, *C.* ›Eddie's White Wonder‹ 🏆, *C. florida*, *C. mas*, *C. nuttallii*
Sophora japonica 🏆
Sorbus die meisten Arten
Styrax obassia
Zelkova serrata 🏆

UNTER EINEM GROSSEN BAUM

Ein ausgewachsener, im Laub stehender Baum überschattet im Hochsommer einen ziemlich großen Bereich. Zur Unterpflanzung benutzt man Sträucher, die der Pflanzgruppe Höhe und Struktur geben, und dazwischen Stauden. Der Streuschatten, der von dieser stattlichen Eiche (*Quercus robur*) geworfen wird, erhält seine Höhepunkte durch die Auswahl überwiegend weiß blühender Stauden als Unterpflanzung, hier am Übergang vom Sommer zum Herbst.

PFLANZPLAN

1 3 × *Tricyrtis hirta*, 60 cm Abstand
2 1 × *Hydrangea paniculata* ›Grandiflora‹ ♀, Breite 2,50 m
3 3 × *Actaea rubra* ♀, 30 cm Abstand
4 1 × *Quercus robur* ♀, Breite 25 m
5 3 × *Gentiana asclepiadea* ♀, 45 cm Abstand
6 3 × *Phegopteris connectilis*, 50 cm Abstand
7 3 × *Vancouveria hexandra*, 40 cm Abstand
8 3 × *Nicotiana sylvestris* ♀, 60 cm Abstand
9 3 × *Lilium martagon*, 30 cm Abstand
10 1 × *Fothergilla major* ♀, Breite 2 m
11 3 × *Hakonechloa macra* ›Aureola‹ ♀, 40 cm Abstand

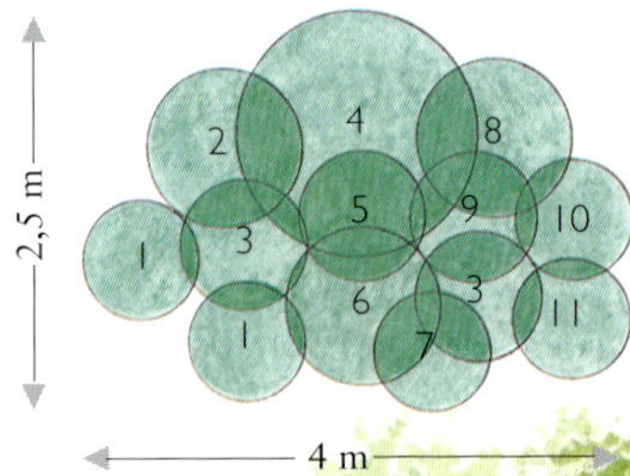

HYDRANGEA PANICULATA ›GRANDIFLORA‹ *ist ein Laub abwerfender Strauch mit großen, weißen Blütenköpfen im Spätsommer und schöner Herbstfärbung.*

Gentiana asclepiadea eine horstbildende Staude mit blauen oder weißen Blüten im Spätsommer und Herbst

Tricyrtis hirta verbreitet sich durch Rhizome. Diese ungewöhnliche Staude trägt im Herbst trichterförmige, weiße Blüten mit roten Punkten.

NICOTIANA SYLVESTRIS ist eine robuste zweijährige Waldpflanze, die den Sommer über dichte Rispen stark duftender Blüten trägt.

MEHR AUSWAHL

STRÄUCHER

Amelanchier canadensis, A. laevis, A. lamarckii ♕
Callicarpa bodinieri, C. bodinieri var. *giraldii*
Cornus mas ♕
Enkianthus die meisten
Mahonia aquifolium
Pyracantha die meisten
Rhododendren
Viburnum x *burkwoodii*

BODENDECKER

Alchemilla alpina, A. conjuncta
Arctostaphylos uva-ursi
Blechnum penna-marina
Brunnera macrophylla ♕
Euphorbia amygdaloides var. *robbiae*
Gaultheria mucronata ♕
Geranium macrorrhizum
Maianthemum bifolium

Quercus robur ist ein ausladender, tief wurzelnder Laubbaum, der idealen Streuschatten für Unterpflanzungen wirft.

Lilium martagon, eine Staude mit rosa- bis purpurroten, wie ein Turban geformten Blüten, die im Hochsommer blüht.

Actaea rubra zeigt im Frühsommer hohe weiße Blütenstände, denen im Herbst glänzend rote Beeren folgen.

Fothergilla major ist ein Laub abwerfender Strauch mit einer atemberaubenden Herbstfärbung und duftenden weißen Flaschenbürstenblüten im Frühjahr.

Hakonechloa macra ›Aureola‹ ist ein horstbildendes Waldgras mit schöner Herbstfärbung.

Phegopteris connectilis breitet sich über Rhizome aus. Die grazilen Wedel dieses Farns sind während der ganzen Vegetationsperiode eine gute Bodendeckung.

Vancouveria hexandra ist ein mehrjähriger Bodendecker mit gelappten, hellgrünen Blättern, der im Frühsommer winzige weiße Blüten trägt.

FEUCHTER SCHATTEN

VIELE GÄRTEN HABEN IRGENDWO eine feuchte, schattige Ecke, die aber mit wohl überlegter Bepflanzung ein bewundernswertes Eigenleben entwickeln kann. Die kühlen und feuchten Bedingungen sind für eine große Auswahl von Schatten und feuchtigkeitsliebenden Pflanzen geeignet. In den meisten Fällen muss man vor der Bepflanzung nur eine größere Verbesserung vornehmen, nämlich das Einbringen von organischer Substanz, und weiterhin einmal im Jahr mulchen oder düngen. Ein kleines plätscherndes Wasserbauwerk sorgt für Attraktivität, Interesse und Atmosphäre.

PFLANZEN, DIE PROBLEME LÖSEN

Man entscheidet sich am besten für einen Pflanzplan, der auf bodendeckenden Pflanzen basiert, die wenig Pflege erfordern. Efeu und Taubnesseln (*Lamium*) sind ausgezeichnet für »Problemstandorte«, weil sie sowohl feuchten und trockenen Schatten als auch mageren Boden vertragen. Efeu in Kombination mit Kletter-Hortensie ist die ideale Pflanze für dauernd beschattete Wände und Zäune. Die meisten Bodendecker breiten sich durch Ausläufer treibende Wurzeln oder durch Wurzelbildung an den Stängeln schnell aus. Solange die Pflanzen noch klein sind, kann man zwischen ihnen mulchen *(siehe S. 48)*, um das Unkrautwachstum zu unterdrücken.

Eine gute Bodenvorbereitung ist das A und O einer erfolgreichen Bepflanzung. Wenn hier nicht sorgfältig gearbeitet wird, entwickelt sich das Ganze zu einer mit Unkraut verflochtenen Matte, aus der man das Unkraut nur unter größten Schwierigkeiten herausbekommt. Als Erstes muss der Boden gründlich von allem Unkraut befreit werden, vor allem von mehrjährigem wie der Quecke. Das Besprühen mit einem Unkrautvernichtungsmittel ist die schnellste Methode. Man kann das Unkraut auch mit der Hand entfernen. Wer weit vorausplant, kann den Boden auch mit schwarzer Plastikfolie oder einem alten Teppich abdecken.

ARBEITSSPAREND *Bei dieser Bepflanzung, die nicht viel Pflege braucht, wurden enggepflanzte Bodendecker eingesetzt, die die waagrechte Bühne für das senkrechte Element bilden, nämlich den Efeu, der sich über den alten Baumstumpf rankt. Unbedeckter Boden wird gemulcht, um das Unkraut zu unterdrücken.*

◄ FEUCHTIGKEITSLIEBEND *Zimmerlilien wirken an diesem schattigen Bachufer als Blickfang.*

EINE ECKE MIT FEUCHTEM SCHATTEN

In diesem Gestaltungsbeispiel für einen feuchten, schattigen Bereich wird der Schatten von den hohen Gartenmauern und von einer lichten Birke geworfen, dann aber durch den weißen Birkenstamm wieder aufgehellt. Die rückwärtige Mauer ist mit Kletterhortensien begrünt, die der Bepflanzung ein deutliches horizontales Element hinzufügen. Ein Teppich aus Bodendeckern dient als Bühne für die Blumen, die sich im Lauf der Jahreszeiten abwechseln.

DIGITALIS PURPUREA ›ALBA‹
Eine zweijährige Pflanze mit cremeweißen Blütenständen, Aussaat im Herbst oder im Frühjahr.

Brunnera macrophylla zeigt im Frühjahr lockere Dolden kleiner, tiefblauer Blüten. Nach der Blüte wachsen die wunderschönen Blätter noch zu voller Größe heran.

Betula ermanii ›Grayswood Hill‹ ist ein eleganter Baum mit weißer Rinde, der einen lichten Streuschatten wirft.

Helleborus niger ›Potter's Wheel‹ trägt im Vorfrühling weiße Blüten. Um die Blüten schön zur Geltung zu bringen, sollte man die Blätter des letzten Jahres entfernen.

Helleborus x *hybridus* ›Ballard's Black‹ ergibt mit ihren tief dunkelpurpur gefärbten Vorfrühlingsblüten eine effektvolle Kontrastpflanze.

HEDERA HELIX ›GLACIER‹
bildet einen bodendeckenden Teppich graugrüner, silbergrau marmorierter Blätter. Wird an den Rändern des Blätterdaches gepflanzt.

PFLANZPLAN

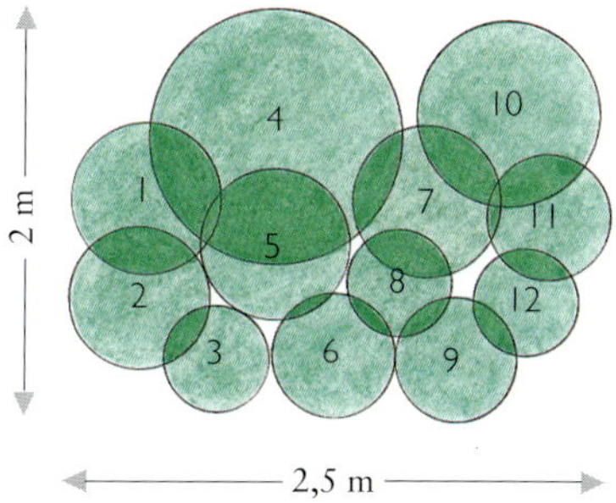

1 3 × *Digitalis purpurea* f. *albiflora*, 60 cm Abstand
2 3 × *Brunnera macrophylla* ♕, 60 cm Abstand
3 3 × *Helleborus niger* ›Potter's Wheel‹, 45 cm Abstand
4 1 × *Betula ermanii* ›Grayswood Hill‹ ♕, Breite 12 m
5 3 × *Helleborus* × *hybridus* ›Ballard's Black‹, 45 cm Abstand
6 3 × *Hedera helix* ›Glacier‹ ♕, 1 m Abstand
7 3 × *Astilbe* ›Irrlicht‹, 50 cm Abstand
8 3 × *Astrantia* ›Shaggy‹ ♕, 45 cm Abstand
9 3 × *Pulmonaria officinalis* ›Sissinghurst White‹ ♕, 45 cm Abstand
10 1 × *Hydrangea anomala* subsp. *petiolaris* ♕, Breite 15 m
11 3 × *Epimedium grandiflorum* ›Rose Queen‹ ♕, 30 cm Abstand
12 5 × *Lamium maculatum* ›Beacon Silver‹ ♕, 75 cm Abstand

Hydrangea petiolaris schiebt im Sommer cremeweiße Blüten vor den Hintergrund dunkler Blätter, die sich im Herbst gelb färben.

Die *Astilbe* ›Irrlicht‹ trägt im Frühsommer cremeweiße Blütenbüschel über fein verzweigten, dunkelgrünen Blättern. Die Blütenstände überdauern bis in den Winter.

Bei *Epimedium grandiflorum* ›Rose Queen‹ sind die frisch getriebenen Blätter tief bronzerot. Rosarote Blüten im Frühjahr.

Pulmonaria officinalis ›Sissinghurst White‹ trägt im Spätfrühling weiße Blüten über silbrigen Blättern, die nach dem Verblühen erst ihre ganze Größe erreichen.

Lamium maculatum ›Beacon Silver‹: gute Bodendeckung mit rosa Blüten und silbrigen Blättern. Verträgt auch mageren Boden.

SELBSTAUSSAMER

Zu den Blühpflanzen, die von selbst zwischen Bodendeckern aufkommen können, gehören:

Aquilegia vulgaris
Arum italicum ›Marmoratum‹ ♕
Chelidonium majus
Chionodoxa forbesii
Digitalis purpurea
Geranium phaeum
Silberblatt *(Lunaria annua)*
Meconopsis cambrica
Ornithogalum montanum
Polemonium pauciflorum
Scilla siberica ♕
Viola odorata

PFLANZENGRUPPEN

Aus einem kühlen, schattigen Fleckchen kann man etwas ganz Besonderes machen, indem man schöne Blattpflanzen pflanzt, die diese Bedingungen brauchen. Dass man dabei mit wenigen Farben arbeiten muss, wie bei Farnen, oder mit ähnlichen Blattformen wie bei den Funkien, macht das Ganze nur interessanter. Es macht Spaß, Pflanzgruppen zusammenzustellen, die verschiedene Oberflächen und Farbschattierungen haben oder in Kontrast zueinander stehen.

GESTALTEN MIT FARNEN

Die Gruppe der Farne kann man ohne weiteres als die ultimative Schattenpflanze ansehen. Seit Anfang dieses Jahrhunderts sind Farne eher vernachlässigt worden, nun aber werden sie wegen ihrer Schönheit und vielseitigen Verwendbarkeit wieder geschätzt.

Im viktorianischen England stellte man Pflanzensammlungen in einen großen, bühnenartigen Rahmen: Farngruppen schmückte man mit Requisiten wie moosbedeckten »umgestürzten« Bäumen, mit Grotten und Wasserfällen. Solche Attraktionen kann man auch in einen kleineren Garten einbauen. Manche Leute ziehen es vor, ihre Farnsammlung eher in den Garten zu integrieren, indem sie dazwischen einige ergänzende Pflanzen setzen. Dafür nimmt man am besten andere Blattpflanzen mit schönen Wuchsformen, die von der Oberflächengestaltung her einen deutlichen Kontrast bilden. Rodgersien, Funkien, Rhabarber-Arten und Gräser sind für diese Zwecke gut geeignet. Als bodennahe Stufe der Pflanzgruppe setzt man Bodendecker wie *Vancouveria* und *Waldsteinia*. Blüten und Farben bringt man über Waldpflanzen wie *Dicentra*, *Chelidonium majus* oder *Meconopsis cambrica* ein, die sich selbst aussamen und so natürlich wirken.

TIPPS FÜR FARNE

- Ein kühler, feuchter Standort mit hohem Humusgehalt sowie Schutz vor starkem oder kaltem Wind – mehr brauchen die meisten Farne nicht. Vor dem Pflanzen arbeitet man viel organische Substanz in den Boden ein.
- Durch Hecken schafft man einen durchlässigen Windschutz. Im Windschatten von Mauern können Luftverwirbelungen auftreten, die Farnen schaden.

IN DECKUNG *In diesem Innenhof bietet die Pflanzung in den Zwischenräumen der Pflastersteine ideale, kühle und feuchte Bedingungen an den Pflanzenwurzeln. Farne, die sich über Ausläufer vermehren (wie* Phegopteris *und* Gymnocarpium*), siedeln sich besonders gern in Pflasterfugen an.*

◀ AUFFALLENDE WEDEL *Von hinten von der Sonne beleuchtet wirken Farne am besten.*

EINE KLEINE FARNGRUPPE

Hier wurde der natürliche Formenreichtum des Farns genutzt. Farne mit hohen Wedeln aus Fiederblättchen wie z. B. *Matteuccia* werden dabei im Kontrast zu kriechenden, Ausläufer bildenden Farnarten wie *Phegopteris* gesetzt. Das Farbspektrum umfasst die verschiedenen Grüntöne, die durch eine goldfarbene Segge und gelblaubige Funkien sowie durch das Gelb des Europäischen Scheinmohns *(Meconopsis cambrica)* noch unterstrichen werden.

PFLANZPLAN

1 3 × *Meconopsis cambrica*, 25 cm Abstand
2 1 × *Phegopteris connectilis*, Breite 50 cm
3 1 × *Adiantum venustum*, Breite 50 cm
4 1 × *Matteuccia struthiopteris*, Breite 1 m
5 1 × *Athyrium niponicum* ›Pictum‹, Breite 50 cm
6 3 × *Carex elata* ›Aurea‹, 45 cm Abstand
7 1 × *Asplenium scolopendrium* ›Crispum‹, Breite 60 cm
8 3 × *Osmunda cinnamomea*, 60 cm Abstand
9 1 × *Polypodium vulgare* ›Cornubiense‹, Breite 60 cm
10 1 × *Hosta fortunei* ›Albomarginata‹, Breite 80 cm
11 1 × *Polystichum setiferum* Divisilobum-Gruppe, Breite 60 cm

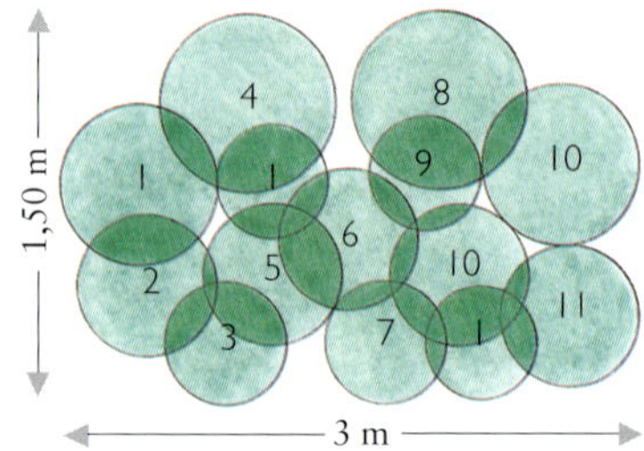

Matteucia struthiopteris ist ein dicht gefiederter Farn, dessen hellgrüne sterile Wedel sich biegen, während die fruchtbaren Wedel im Hochsommer dunkelbraun in der Mitte des Horstes stehen.

Meconopsis cambrica ist eine Staude, die sich selbst aussät. Sie hat blaugrüne Blätter und trägt im Sommer orangefarbene oder goldgelbe Blüten.

Phegopteris connectilis ist ein Matten bildender Farn mit weichen, dreieckigen Wedeln von hellgrüner Farbe.

Adiantum venustum ist ein kriechender Farn. Die fächerförmigen, hellgrünen Fieder sitzen an glänzend schwarzen Stielen und sind im Frühjahr hell bronzerosa gefärbt.

Athyrium niponicum ›Pictum‹ hat fein gefiederte Wedel, die durch ihre ungewöhnliche Buntlaubigkeit auffallen.

POLYPODIUM VULGARE ›CORNUBIENSE‹ *ist ein starkwüchsiger, bodendeckender Farn mit unterschiedlich aufgeteilten Fiederblättern.*

MEHR AUSWAHL

Alchemilla mollis
Arum italicum ›Marmoratum‹
Asarum europaeum
Bergenien
Christrosen
Cornus canadensis
Corydalis lutea
Dicentra spectabilis
Galium odoratum
Kirengeshoma palmata
Podophyllum hexandrum
Tellima grandiflora

Osmunda cinnamomea hat schön gefiederte Wedel; die sterilen Wedel weisen ein bleiches Blaugrün auf, während in der Mitte der Pflanze fruchtbare Wedel aufrecht stehen und zimtbraune Sporen tragen, die bis in den Winter sichtbar bleiben.

POLYSTICHUM SETIFERUM DIVISILOBUM-GRUPPE *trägt weichgriffige Fiederblätter, die die Wedel in schmale Segmente aufteilen.*

Carex elata ›Aurea‹ ist eine kriechende gelbe Segge, deren schmale, gebogene Blätter am Rand grün gefärbt sind und Horste bilden.

Asplenium scolopendrium ›Crispum‹ ist ein immergrüner Farn, an dessen Wedeln riemenförmige, glänzende, hellgrüne Fiederblätter mit gewellten Rändern sitzen.

Hosta fortunei ›Albomarginata‹ bildet mit ihren großen, herzförmigen Blättern, die unregelmäßig goldfarben gerändert sind, große Büschel.

PFLEGE DER SCHATTENPFLANZEN

VORBEREITUNG UND PFLANZUNG

DER WICHTIGSTE UND ERSTE SCHRITT ist, die Art des Schattens an dem jeweiligen Standort zu bestimmen. Dann wählt man die für diese Bedingungen geeigneten Pflanzen aus. Weitere Maßnahmen sorgen für zufrieden stellende Ergebnisse und arbeitssparende Pflege in der Zukunft.

GUTE WACHSTUMSBEDINGUNGEN

Vor dem Kauf der Pflanzen sollte man den Boden gut vorbereiten (*siehe nächste Seite*). Man befreit ihn von Unkraut und verbessert die Bodenstruktur. Überlegungen, den Standort für die Pflanzen zu verbessern, werden gemacht – z. B. eine Mauer weiß streichen, damit sie das Licht besser reflektiert, oder vorhandene Sträucher auslichten, damit sie weniger Schatten werfen. Das Auslichten tut auch den Sträuchern gut, die im Schatten wachsen, weil so mehr Licht und Luft an ihre Zweige kommen. Am besten sieht man in einem Ratgeber nach, wie die Sträucher jeweils geschnitten werden müssen.

AUSLICHTEN VON UNTEN *Sträucher, die aus einem Dickicht von Trieben bestehen, dünnt man aus, indem einige der Haupttriebe direkt an der Basis geschnitten werden. Dabei entfernt man jedes Jahr ca. ein Drittel der Triebe, und zwar immer die ältesten. Eventuell brauchen Sie dazu eine Baumschere oder -säge.*

AUSLICHTEN DICHTER ZWEIGE *Sträucher mit verzweigenden Ästen lichtet man aus, indem man die Haupttriebe bis zu einem jungen, aufrechten Seitentrieb zurückschneidet. Der junge Seitentrieb, der nun zum neuen ›Leitast‹ geworden ist, wird bald wachsen und attraktiv überhängen.*

BIS ZUR BASIS

Hasel, Perückenstrauch und Holunder sowie einige Hartriegel und Weiden kann man alle ein oder zwei Jahre im zeitigen Frühjahr stark zurückschneiden. Der zusätzliche Lichteinfall erweitert die Auswahlmöglichkeiten für die Unterpflanzung.

VORBEREITUNG

Eine gute Vorbereitung wirkt sich auf die zukünftige Gesundheit von Boden und Pflanzen günstig aus. Einen Bereich für eine Neuanpflanzung gräbt man eine Jahreszeit vorher um, so dass der Boden Zeit hat, sich zu setzen. Dadurch hat man vor dem Pflanzen auch genügend Zeit für ein systemisches Unkrautvernichtungsmittel – man kann es aber auch beim Umgraben mit der Hand entfernen. Auch organisches Material (Humus) wird mit untergegraben, das verbessert die Drainage und den Nährstoffgehalt.

BODENVERBESSERUNG
Man arbeitet beim Umgraben organische Substanz eine Spatentiefe tief mit ein. Das ist harte Arbeit, aber die Mühe wert. Oft reicht es, mit der Grabgabel organische Substanz in die obersten 8 bis 10 cm des Bodens einzubringen, so dass Schäden an den Wurzeln der bereits stehenden Pflanzen vermieden werden.

MULCH

Das abgeworfene Laub der Gartenbäume wird zu Laubmulch. Man kann sich seinen organischen Bodenverbesserer selbst herstellen, indem man die Blätter zusammenharkt und in einer runden Tonne von ungefähr 1 m Höhe und Durchmesser lagert. Wenn die Blätter noch geschreddert werden, verrotten sie schneller und können eher verwendet werden.

MIST
Gut verrotteter Mist bringt Nährstoffe und viel Humus mit ein.

PILZKOMPOST
Humusreich, aber kalkhaltig.

GARTENKOMPOST
Guter Bodenverbesserer, der Humus und wertvolle Nährstoffe enthält.

LAUBMULCH
Arm an Nährstoffen und Humus; sieht als Mulch sehr natürlich aus.

TRITTSTEINE

Viele Schattenpflanzen brauchen feuchten Boden, so dass es schwierig ist, zum Entfernen abgeblühter Blüten und für andere Arbeiten an die Stelle heranzukommen, ohne den Boden festzutreten. Um Schäden zu verhindern, kann man sich einen Steg oder einige Steinplatten legen. Am besten benutzt man dazu natürliche Materialien wie Baumstamm oder kleine Pflastersteine, die man auch direkt in eine Rabatte legen kann; sie werden bald von den wachsenden Pflanzen getarnt.

AUSPFLANZEN

Pflanzen, die in Containern gezogen wurden, kann man jederzeit auspflanzen – sie müssen nur regelmäßig gegossen werden, bis sie gut angewachsen sind. Sie sollten ebenso tief in den Boden gesetzt werden, wie sie vorher im Topf gesteckt haben. Dadurch sind sie aber schwierig zu gießen. Wenn das Wasser nur in die oberen Bodenschichten eindringt, neigen die Wurzeln dazu, in Richtung Oberfläche zu wachsen, um an das Wasser heranzukommen. Man kann rund um die Pflanze einen Ring aus Erde aufschütten, der dann als Gießring das Wasser hält, oder man kann ein Rohr zur Bewässerung setzen *(rechts)*. Tröpfchenbewässerung oder Rieselschläuche sind besonders für Pflanzgruppen geeignet, weil sie das Wasser bei jeder Pflanze direkt auf der Erdoberfläche über dem Wurzelbereich abgeben.

WASSER AN DIE WURZELN
Setzen Sie ein Stück Plastikrohr schräg ein, so dass es zu den Pflanzenwurzeln verläuft. Das eine Ende sollte nahe am Wurzelbereich liegen und das andere in die Luft ragen oder gerade am Blätterdach der Pflanze liegen.

SPEZIELLE BEDÜRFNISSE

Frühjahrsblühende Zwiebelpflanzen kauft man im Herbst und umgekehrt. Die meisten sollten 2- bis 3-mal so tief gepflanzt werden, wie sie selbst hoch sind, so dass größere Zwiebeln tiefer gesetzt werden. Kletterpflanzen, vor allem Selbstklimmer, bindet man an eine Rankhilfe, damit sie besser wachsen können. Bäume, Sträucher und Kletterpflanzen mit kahlen Wurzeln sollte man nur im Herbst oder Frühjahr kaufen und pflanzen. Herbstpflanzungen sind riskanter als Frühjahrspflanzungen. Man gräbt ein Loch, das doppelt so breit und 1,5-mal so tief ist wie der Wurzelballen, breitet die Wurzeln im Loch aus und passt die Pflanztiefe der alten Erdmarke an. Nun wird das Pflanzloch mit Erde gefüllt, festgedrückt und gemulcht.

KLETTERPFLANZEN
Um einer jungen Kletterpflanze mehr Licht zu geben, zieht man sie erst an einem Pfosten neben dem Strauch hoch. So kann sie erst einmal in die Höhe wachsen.

SCHNEEGLÖCKCHEN
Schneeglöckchen werden manchmal nicht als trockene Zwiebeln gepflanzt, sondern mit »Kraut«. Die Erde um die Zwiebeln festdrücken und regelmäßig gießen.

REGELMÄSSIGE PFLEGE

BEETE SOLLTEN UNKRAUTFREI gehalten und regelmäßig überprüft werden. Die meisten Pflanzen unter Bäumen brauchen nur wenig oder gar keinen Dünger, weil der jährliche Laubfall ihnen Nährstoffe zuführt. An anderen Stellen düngt man z. B. mit Tomatendünger. Gedüngt wird im Frühjahr, um Wachstum und Blütenbildung anzuregen. Das Entfernen der abgeblühten Blüten fördert neue.

DÜNGEN UND MULCHEN

Dünger sollte immer in der Menge verabreicht werden, die vom Hersteller angegeben wird. Zu hohe Düngermengen können die Pflanzenwurzeln schädigen. Pflanzenteile über der Erde müssen vor Kontakt mit dem Dünger geschützt werden. Dünger wird mit der Grabgabel eingearbeitet, aber darauf achten, keine flachen Wurzeln zu beschädigen, danach mulchen. Pflanzen mit schönem Laub können einen Flüssigdünger erhalten.

DÜNGEN
Mit etwas Abstand von der Pflanzenbasis direkt auf die feuchte Erde streuen, leicht einarbeiten.

HOLZSCHNITZEL

GROBER SPLITT

MULCH ZUR BODENDECKUNG
5 – 10 cm Rindenmulch, Holzschnitzel oder Laubmulch hält die Feuchtigkeit im Boden.

UNTER EINER PLANE PFLANZEN

Planen ermöglichen eine vollständige Unkrautunterdrückung unter Pflanzen, die mit einem einzigen Trieb hochwachsen. Sie helfen, Wasser zu sparen und die Bodentemperatur zu regulieren. Pflanzvliese oder im Landschaftsbau verwendete Jute- und Kokosgewebe sind luft- und wasserdurchlässig. Vor dem Auflegen der Plane müssen mehrjährige Unkräuter entfernt werden. Vlies oder Folie werden auf die feuchte Erde gelegt. Schwarze Plastikfolie muss mit Löchern versehen werden, damit das Wasser hindurchkommt. Die Pflanze wird durch einen kreuzförmigen Einschnitt in der Folie gepflanzt.

GELUNGENER ABSCHLUSS
Pflanzfolien kann man mit natürlichen Materialien abdecken, wie Kakaoschalen, Rindenschnitzel oder grobem Splitt.

DEN ANBLICK ERHALTEN

Im Herbst räumt man bei den absterbenden krautigen Pflanzen auf – nicht wegen des sauberen Anblicks, sondern aus Gründen der Gartenhygiene. Viele Pflanzen faulen, wenn nasses, verrottendes Material auf ihnen liegt. Abgeblühte Stängel schneidet man ab oder kürzt die nach oben überstehenden Triebe mit Hilfe einer Gartenschere. Aus den Pflanzen räumt man die abgefallenen Blätter heraus. Bei manchen immergrünen Stauden, vor allem bei Elfenblumen und Christrosen, ist im Frühjahr ein weiterer Arbeitsgang vorteilhaft *(siehe rechts)*. Die Blätter von frühjahrsblühenden Zwiebelpflanzen darf man nach der Blüte nicht zurückschneiden. Die Pflanzen brauchen diese Blätter, bis sie von selbst absterben, weil sie damit Kraft fürs nächste Jahr aufbauen.

FRÜHJAHRSBLÜTEN ZUR GELTUNG BRINGEN
Im Vorfrühling schneidet man die alten Blätter an der Pflanzenbasis ab, sobald die Blütenknospen und die neuen Blatttriebe sichtbar sind.

KURZHALTEN
Einigen bodendeckenden Pflanzen kann man mit einem Motortrimmer einen »Haarschnitt« verpassen. Am besten im Herbst oder Frühjahr, so dass die frischen Triebe nicht beschädigt werden.

Pflanzen zum ›Beschneiden‹: *Euphorbia amygdaloides* var. *robbiae, Hypericum calycinum, H. androsaemum, Vinca major*

WURZELSPROSSER
Triebe aus dem Wurzelbereich zieht man mit einem kräftigen Ruck heraus. Die Wundstelle schneidet man sauber nach, um schlafende Knospen zu entfernen.

Pflanzen mit Wurzelsprossern: veredelte Pflanzen wie *Hamamalis*-Arten und Rosen, *Aralia elata, Amelanchier canadensis*

WILDE TRIEBE
Die wilden grünen Triebe, die bei buntlaubigen Pflanzen auftreten, müssen entfernt werden, weil sie wuchskräftiger sind und die anderen schnell zurückdrängen können.

Pflanzen mit wilden Trieben: *Aralia elata* ›Variegata‹, *Euonymus fortunei* ›Silver Queen‹, *Aucuba japonica* ›Crotònifolia‹

ENTFERNUNG NICHT BUNTLAUBIGER TRIEBE
Man entfernt alle Triebe, die gelb oder cremefarben gefärbt sind. Damit können die Pflanzen den Lichteinfall an einem schattigen Standort nicht so nutzen.

Verfärbte Triebe: alle weißlaubigen Pflanzen, *Euonymus fortunei* ›Silver Queen‹, *E. fortunei* ›Emerald 'n' Gold‹

Gesunde Pflanzen

Regelmässige Inspektionsgänge durch den Garten, bei denen man Unkraut entfernt, solange es noch klein ist, oder Schadinsekten, kranke Stängel und Blätter abzupft, können oft verhindern, dass sich ein Problem einnistet. Bei großen Probleme und bei chemischen Mitteln holt man sich im Gartencenter Rat. Wenn möglich, sollte man jedoch biologische oder »naturgemäße« Methoden anwenden, die nur bestimmte Schädlinge treffen, um so die Nützlinge zu schonen.

Freund oder Feind

Schattige Standorte sind, vor allem wenn sie bepflanzt und gemulcht sind, im Sommer kühl und im Winter angenehm, so dass sie alle möglichen Lebewesen anziehen. Man sollte lernen, zwischen Gartenfreunden und -feinden zu unterscheiden, bevor man zur chemischen Keule greift. Igel, Drosseln, Frösche, Kröten und Spitzmäuse fressen Nacktschnecken und Schadinsekten. Wer in seinem Garten Wildtiere haben möchte, darf also die Schädlinge nicht zu gründlich ausrotten, weil sonst den Nützlingen nichts zu fressen bleibt. Kellerasseln können unter Glas gezogene Keimlinge schädigen, aber im Freiland sind sie willkommene Gäste, die abgestorbenes Pflanzenmaterial recyceln. Nackt- und Gehäuseschnecken sammeln sich an kühlen, feuchten Plätzen.

IM WESENTLICHEN HARMLOS
In Freilandgärten oder unter Bäumen leben Kellerasseln in den oberflächlichen Bodenschichten und haben die Funktion, organisches Material zu recyceln.

GARTENSCHNECKEN
Diese unwillkommenen Besucher sind in der Abendkühle aktiv. Sie fressen Löcher ins Blattwerk und hinterlassen silbrige Schleimspuren.

SCHÄDLINGSBEKÄMPFUNG

Für Pflanzen im Schatten sind Schnecken die Hauptfeinde. Sie sind von Frühjahr bis Herbst aktiv, raspeln Löcher ins Blattwerk. Es gibt verschiedene Bekämpfungsmöglichkeiten, sowohl chemische wie auch »biologische«. Die beste Methode ist, an feuchten Abenden im Schein der Taschenlampe die Schädlinge abzusammeln.

Chemische Bekämpfung Schneckenkorn und Stäubemittel gegen Schnecken enthalten chemische Wirkstoffe wie Methiocarp. Sie wirken gegen Nackt- und Gehäuseschnecken. Manche werden inzwischen als sicher für Kinder und Haustiere beworben, aber Gärtner mit Familie werden sich trotzdem eher gegen ihre Verwendung entscheiden.

Biologische Methoden Der Parasit *Phasmarhabditis hermaphrodita* vernichtet Schnecken. Er ist in manchen Gartencentern erhältlich, aber auch zu bestellen. Die meisten Hersteller empfehlen eine zweimalige Anwendung im Abstand von zwei Wochen.

Fallen und Sperren Eine Mulchschicht aus scharfkantigem Splitt oder kleingeschnittenen Stechpalmenästen ist oft nützlich, um Schnecken abzuwehren. Es gibt auch mehrere wirkungsvolle Fallen: Die beliebtesten sind ein Becher mit Bier, in den Boden eingegraben, und eine umgestülpte, leere Grapefruithälfte.

GARTENARBEITEN RUND UMS JAHR

FRÜHJAHR

- Neue Stauden werden gepflanzt und gemulcht, sobald es keinen Frost mehr gibt.
- Horstbildende sommer- und herbstblühende Stauden, die zu dicht geworden sind, können ausgegraben, vorsichtig geteilt und mit größerem Abstand wieder eingepflanzt werden.
- Abgestorbene Blätter im Kronenbereich von Pflanzen werden entfernt.
- Immergrüne Sträucher können gepflanzt oder versetzt werden.
- Gut angewachsene immergrüne Sträucher sowie nach dem Hochsommer blühende Sträucher werden jetzt zurückgeschnitten.
- Gut angewachsene Pflanzen werden jetzt gedüngt und gemulcht.
- Hochwüchsige Stauden jetzt stützen.
- Dicht gewordene Zwiebelgewächse nach dem Abblühen ausdünnen, kahle Stellen vormerken.

SOMMER

- Zu dichte Gruppen von Zwiebelgewächsen werden jetzt geteilt und neu eingepflanzt.
- Ausläufer treibende und stark wurzelnde Stauden werden überprüft, ob sie anderen Pflanzen nicht den Platz wegnehmen. Bewurzelte Teilstücke ausgraben und kahle Stellen damit bepflanzen.
- Vorgezogene Pflanzen werden jetzt ausgesetzt.
- Bei Schädlingen und Krankheiten müssen geeignete Maßnahmen ergriffen werden.
- Unkraut jäten und mit Mulch auffüllen.
- Frisch gesetzte Pflanzen müssen gut gegossen werden, vor allem Pflanzen in Kübeln.
- Frühjahrsblühende Sträucher werden nach der Blüte zurückgeschnitten.
- Bei Stauden und Sträuchern werden, falls nötig, die abgeblühten Blüten entfernt.

HERBST

- Junge zweijährige Pflanzen werden jetzt eingepflanzt.
- Horstbildende frühjahrsblühende Stauden, die zu dicht geworden sind, können ausgegraben, vorsichtig geteilt und mit größerem Abstand wieder eingepflanzt werden.
- Frühjahrsblühende Zwiebelgewächse pflanzen.
- Abgefallene Blätter zusammenrechen und für Laubmulch verwenden.
- Gesundes abgestorbenes Pflanzenmaterial kommt auf den Komposthaufen.
- Als Winterschutz eine Mulchschicht aus Farnkraut, Heu oder Nadelzweigen aufbringen.
- Ohne Wurzelballen verkaufte Sträucher und Bäume jetzt pflanzen. Sie müssen bis zum Anwachsen gründlich gegossen und gut gemulcht werden. Keinen Dünger im ersten Jahr, damit die Wurzeln gezwungen werden, sich auf der Suche nach Nährstoffen zu verzweigen.

WINTER

- Kataloge von Baumschulen jetzt bestellen.
- Von Laubbäumen entfernt man die Äste, die zu niedrig sitzen, für mehr Lichteinfall – aber nur kleine Äste. Bei großen Ästen von ausgewachsenen Bäumen spricht man mit einem geprüften Baumpfleger.
- Dicke Schneedecken von Bäumen und Büschen abschütteln, um Astbruch zu vermeiden.
- Empfindliche Pflanzen in Behältern vor starken Frösten schützen, immergrüne Pflanzen vor kaltem, trockenem Wind. Zum Abdecken Gartenvlies oder Plastikfolien mit Luftblasen nehmen.
- Lücken entdeckt man jetzt am besten; notieren.
- Kälteschutzeinrichtungen erst dann entfernen, wenn keine starken Fröste mehr drohen.

BLÜTENPFLEGE BEI RHODODENDREN
Abgestorbene Blüten werden zwischen Daumen und Zeigefinger ausgezwickt. So vermeidet man die Beschädigung der neuen Knospen.

BLÄTTER NUTZEN
Abgefallene Blätter und verfaulende Früchte aufsammeln für Laubmulch. Dieser Bodenverbesserer ist vor allem bei Waldpflanzen gut einzusetzen.

PFLANZEN FÜR DEN SCHATTEN

DIE HIER VORGESTELLTEN SCHATTENPFLANZEN sind mit Symbolen gekennzeichnet, die für die bevorzugten Bedingungen einer Pflanze stehen; viele dieser Pflanzen sind aber nicht sehr anspruchsvoll. Fast alle sind vollständig winterhart, einige müssen vor starker Kälte geschützt werden.

◪ *bevorzugt Halbschatten* ▨ *bevorzugt lichten oder Streuschatten* ▣ *verträgt tiefen Schatten*
◊ *bevorzugt gut drainierten Boden* ◈ *bevorzugt feuchten Boden* ♦ *bevorzugt nassen Boden*
m *braucht sauren Boden* ✱ *bedingt winterhart, bis 0 °C* ✱✱ *Mäßig winterhart, bis -5 °C*
✱✱✱ *Völlig winterhart, bis -15 °C* ***Hoch*** *größer als 1,20 m* ***Mittel*** *60 bis 120 cm groß*
Niedrig *bis 60 cm* 🏆 *RHS Award of Garden Merit*

A

Aconitum (Eisenhut)
Mittelhohe bis hohe, krautige Staude mit gelappten Blättern. Im Sommer hohe Blütenstände mit blauen Blüten. Für zwanglose und gemischte Rabatten, gut mit krautigen Pflanzen. Alle Teile sind giftig.
◪ ▨ ◈ ✱✱✱
A. ›Ivorine‹ *S. 34.*
Ebenfalls zu empfehlen:
A. carmichaelii ›Arendsii‹

Actaea (Christophskraut)
Kleine bis mittelhohe Stauden, die von Frühjahr bis Frühsommer rundliche Schleier weißer Blüten tragen, denen im Herbst rote oder weiße Beeren folgen. Für zwanglose Pflanzgruppen und baumbestandene Gärten.
◪ ▨ ▣ ◈ ✱✱✱
A. alba 🏆 *S. 34,* ***A. rubra*** 🏆 *S. 36.*

Adiantum venustum
(Himalaja-Frauenhaarfarn)
Kleiner, immergrüner Farn, der wegen seiner schwarzen Stängel und seiner mittelgrünen dreieckigen Wedel geschätzt wird. Frisch getriebene Wedel sind hell bronzerosa gefärbt.
◪ ▨ ◈ ✱✱✱
🏆

ADIANTUM VENUSTUM

Aesculus parviflora 🏆
(Strauchkastanie)
Hoher Strauch, der im Hochsommer weiße Blüten trägt. Verträgt unterschiedliche Böden und Standorte. Für baumbestandene Gärten oder Strauchgruppen.
◪ ▨ ◊ ◈ ✱✱✱

Ajuga (Günsel)
Kleines, Ausläufer treibendes mehrjähriges Kraut mit blauen Blüten und oft buntem Blätterteppich. Unter Bäumen und in Beeten geeignet.
◪ ▨ ▣ ◊ ◈ ✱✱✱
A. pyramidalis *S. 40,*
A. reptans **›Variegata‹** *S. 26.*

Akebia quinata
(Klettergurke)
Hohe, windende Kletterpflanze, die im Frühjahr purpurbraune Blüten trägt. Für Wände, Lauben und zur Begrünung von Bäumen.
◪ ▨ ◈ ✱✱✱

◄ SCHATTIGE ECKE *Farn und verschiedene Blattformen schaffen eine schöne Atmosphäre.*

Alchemilla (Frauenmantel)
Kleine, bodendeckende, krautige mehrjährige Pflanze mit seidig behaarten Blättern und gelbgrünen Blüten im Sommer. Samt sich selbst aus.
◙ ◙ ◙ ◊ ♦ ❄❄❄
A. mollis 🏆 *S. 26.*
Ebenfalls zu empfehlen:
A. alpina, A. conjuncta.

Amelanchier lamarckii 🏆
(Kupferfelsenbirne)
Hoher, mehrstämmiger Großstrauch, der im Frühjahr und Frühsommer mit weißer Blütenfülle besticht, der purpurrote Früchte folgen. Geschätzt wegen seiner bronzenen Herbstfärbung. Für Strauchgruppen oder unter Bäumen.
◙ ◙ ◊ ♦ pH ❄❄❄

Anemone (Herbstanemonen und Buschwindröschen)
Hohe, im Herbst blühende Stauden oder kleine, im Frühjahr blühende mehrjährige Zwiebelgewächse. Für Beete und Parkgärten.
◙ ◙ ◊ ♦ ❄❄❄
***A. × hybrida* ›Honorine Jobert‹** 🏆 *S. 30,*
A. sylvestris *S. 34*

Angelica (Engelwurz)
Hohe, krautige Pflanze mit einer Fülle kleiner, grünlicher Blüten, denen gerippte braune Früchte folgen. Als Blickfang in Beeten zu verwenden. Kann sich selbst aussamen. Braucht tiefgründigen, fruchtbaren Boden.
◙ ◙ ◙ ♦ ❄❄❄
A. archangelica *S. 26*

Aquilegia vulgaris (Akelei)
Mittelhohe, krautige Staude mit Blattrosetten und einer Fülle von spornbewehrten Blüten in allen Schattierungen von Weiß, Rosa, Rot oder Blau im Frühsommer. Für Blumen- oder gemischte Beete.
◙ ◙ ♦ ❄❄❄
Empfehlung: ›Norah Barlow‹ 🏆.

Arctostaphylos uva-ursi
(Immergrüne Bärentraube)
Kleiner, immergrüner, bodendeckender Strauch mit ovalen Blättern. Die winzigen, rosa geränderten Blüten erscheinen im Sommer, im Herbst folgen rote Früchte. Für baumbestandene Gärten.
◙ ◙ ♦ pH ❄❄❄

Arum (Aronstab)
Kleine, mehrjährige Pflanze mit speerförmigen Blättern, die silbrigweiß gefärbt sind. Im Frühsommer trägt die Pflanze giftige scharlachrote Beeren an einem Blütenschaft.
◙ ◙ ♦ ❄❄❄
***A. italicum* ›Marmoratum‹** 🏆
S. 40.

Aruncus dioicus 🏆
(Waldgeißbart)
Hohe Staude mit unterteilten, farnähnlichen Blättern und pyramidenförmigen Blütenständen mit cremeweißen Blüten im Sommer. Eine feuchtigkeitsliebende Pflanze. Gut unter Bäumen.
◙ ◙ ◙ ♦ ❄❄❄

Asarum hartwegii
Kleine, immergrüne, bodendeckende mehrjährige Pflanze mit dunkelgrünen Blättern. Winzige Blüten erscheinen im Frühsommer. Für Beetränder und unter Sträuchern.
◙ ◙ ◙ ♦ ❄❄❄

Asplenium (Streifenfarn)
Mittelhohe, immergrüne und wintergrüne, aufrecht wachsende Farne mit hellgrünen, ledrigen Wedeln, die oft gewellte oder gefranste Ränder aufweisen.
◙ ◙ ◙ ♦ ❄❄❄
***A. scolopendrium* Crispum-Gruppe** *S. 40.*

Astilben (Prachtspiere)
Mittelhohe, horstbildende Staude mit gefiederten Blättern und Federbüschen winziger weißer, roter oder rosafarbener Blüten im Sommer. Für feuchte Beete und Pflanzungen unter Bäumen.
◙ ◙ ♦ ❄❄❄
A. ›Irrlicht‹ *S. 40.*

AQUILEGIA VULGARIS ›NIVEA‹

ASTILBE ›FANAL‹

Astrantia (Sterndolde)
Mittelhohe, horstbildende Staude, die im Sommer winzige Blüten mit papierdünnen, weißen oder rosafarbenen Hochblättern trägt. Für feuchte Beete oder an Gewässern.
▣ ▨ ◇ ♦ ❄❄❄
A. major **›Shaggy‹** 🏆 *S. 40.*

Athyrium (Frauenfarn)
Kleine, elegante, Laub abwerfende Farne mit geschwungenen Wedeln. *A. niponicum* ›Pictum‹ hat silbergraue Fiedern mit braunen Stängeln und Mittelrippen. Für Beete und unter Bäumen.
▣ ▨ ♦ ❄❄❄
A. niponicum **›Pictum‹** 🏆 *S. 44.*

Aucuba japonica
Hoher, immergrüner Strauch mit oft weißbunten Blättern und großen Früchten. Verträgt mageren Boden, tiefen Schatten und Umweltbelastung. Für Hecken oder Strauchgruppen.
▣ ▨ ▣ ◇ ♦ ❄❄❄
Empfehlung: ›Crotonifolia‹ 🏆.

B

Bergenia
Kleine, niedrig wachsende, immergrüne Staude mit schönem Blattwerk und rosafarbenen oder weißen Blüten im Vorfrühling. Für Beeteinfassungen und unter Bäumen.
▣ ▨ ♦ ❄❄❄
Bergenia purpurascens *S. 34.*

Betula (Birke)
Laubbäume mit lichtem Astwerk und schöner Rinde. Einzeln oder für Parkgärten.
▣ ▨ ♦ ❄❄❄
B. ermanii **›Grayswood Hill‹** 🏆 *S. 40.*

Callicarpa bodinieri var. *giraldii* ›Profusion‹

Blechnum (Rippenfarn)
Kleine bis mittelhohe, immergrüne, kriechende Farne mit dunkelgrünen Wedeln. Guter Bodendecker in feuchten Beeten, für baumbestandene Gärten und Farngruppen.
▣ ▨ ▣ ♦ pH ❄❄❄
Empfehlung: *B. chilense, B. penna-marina, B. spicant* 🏆.

Brunnera macrophylla
(Kaukasusvergissmeinnicht)
Kleine Staude, die im Frühjahr tiefblaue Blüten trägt. Guter Bodendecker, muss vor trockenem Wind geschützt werden.
▣ ▨ ♦ ❄❄❄
B. macrophylla 🏆 *S. 40* und **›Dawson's White‹** *S. 26.*

Buxus (Buchsbaum, Bux)
Mittelhohe, immergrüne, kleinblättrige Sträucher von rundlicher Wuchsform. Vertragen starkes Beschneiden und eignen sich als Hecken- oder Einzelstrauch; Zwergsorten können als Beeteinfassungen gepflanzt werden.
▣ ▨ ♦ ❄❄❄
B. sempervirens **›Suffruticosa‹** 🏆 *S. 30.*

Campanula lactiflora ›Loddon Anna‹

C

Callicarpa bodinieri
(Schönfrucht)
Hoher, Laub abwerfender Strauch mit kleinen rosafarbenen Sommerblüten, der im Herbst perlenförmige, violette Früchte trägt. Für Gehölzpflanzungen.
▨ ◇ ❄❄❄

Camellia* x *williamsii
(Kamelie)
Hoher Strauch oder kleiner Baum mit glänzenden, dunkelgrünen Blättern und auffallenden rosafarbenen, roten, weißen oder gelben Blüten im Frühling. Als Einzelpflanze für Beete und Gärten.
▣ ▨ ♦ pH ❄❄❄

Campanula (Glockenblume)
Mittelhohe bis hohe krautige Staude mit glockenförmigen Blüten im Sommer. Für wenig abgeschattete Beete oder offene Stellen in Parkgärten.
▣ ▨ ♦ ❄❄❄
C. persicifolia **›Telham Beauty‹** *S. 34.*

CAREX OSHIMENSIS ›EVERGOLD‹

Carex (Segge)
Mittelhohe Büschel immergrüner, grasähnlicher Blätter, die bei einigen Sorten goldfarben sind. Im Sommer erscheinen braune Blütenschäfte. Geeignet für Kiesgärten. *C. hachijoensis* ist für Pflanzkübel geeignet.
◧ ◨ 💧 ❄❄❄
***C. elata* ›Aurea‹** ♀ *S. 44.*

Celastrus orbiculatus
(Baumwürger)
Hohe, windende Kletterpflanze mit mittelgrünen Blättern, die im Sommer kleine, grüne Blüten trägt. Wird wegen ihrer gelben Herbstfrüchte gepflanzt, die aufspringen und farbige Samen verstreuen. Für Pergolen, Zäune und Wände.
◧ ◨ ○ 💧 ❄❄❄

Chaenomeles (Zierquitte)
Hohe, oft stachelige Büsche mit weiß, rot oder rosa gefärbten Blüten, denen essbare, rötlich-grüne Früchte folgen. Gut an schattigen Wänden.
◧ ◨ ○ 💧 ❄❄❄
Empfehlung: *C.* x *superba* ›Crimson and Gold‹ ♀ und ›Pink Lady‹ ♀.

Chelidonium majus
(Schöllkraut)
Mittelhohe, horstbildende Staude mit tief geteilten Blättern und gelben Sommerblüten (bei ›Flore Pleno‹ gefüllt). Für Park- und Wildgärten.
◧ ◨ ◼ ○ 💧 ❄❄❄

Chionodoxa forbesii
(Schneestolz)
Kleines Zwiebelgewächs mit ausladenden Blättern und sternförmigen, blauen Blüten im Frühjahr. Für Unterpflanzungen.
◨ ○ ❄❄❄

Choisya ternata ♀
(Orangenblume)
Hoher, immergrüner Strauch mit glänzenden Blätterm und duftenden weißen Blüten im Frühjahr und Sommer. Für Innenhofgärten und Beete.
◧ ◨ ○ ❄❄❄

Cimicifuga racemosa ♀
(Septembersilberkerze)
Hohe, horstbildende Staude, die im Sommer weiße Blüten trägt. Für Parkgärten und Beete.
◧ ◨ 💧 ❄❄❄

CHAENOMELES SPECIOSA ›MOERLOOSEI‹

CLEMATIS ›NELLY MOSER‹

Clematis (Waldrebe)
Hohe, immergrüne oder Laub abwerfende Kletterpflanzen mit einer Fülle von Blüten, denen oft schöne Samenstände folgen. Kann an Stützpflanzen oder Wänden gezogen werden.
◧ ◨ 💧 ❄❄❄
C. ›Alba Luxurians‹ ♀ *S. 30,* ***C. rehderiana*** ♀ *S. 30.*

Clethra alnifolia
(Scheineller)
Hoher, kugelig wachsender Strauch, der im Spätsommer duftende, weiße Blüten an Blütenschäften trägt. Für baumbestandene Gärten oder Beete.
◧ ◨ ○ 💧 ❄❄❄

Convallaria (Maiglöckchen)
Kleine, krautige mehrjährige Pflanze mit duftenden, wachsweißen Blüten. Guter Bodendecker unter Bäumen. Kann sich stark ausbreiten.
◧ ◨ ◼ 💧 ❄❄❄

Cornus mas (Kornelkirsche)
Hoher, wuchsfreudiger Strauch mit gelben Blüten, die im Spätwinter an den kahlen Zweigen sitzen. Für baumbestandene Gärten.
◧ ◨ 💧 ❄❄❄

COTONEASTER ›ROTHSCHILDIANUS‹

Corydalis lutea
(Gelber Lerchensporn)
Niedrige mehrjährige Pflanze mit gespornten, gelben Blüten von Spätfrühling bis Herbst. Für baumbestandene Gärten und Beete.

Corylopsis pauciflora
(Niedrige Scheinhasel)
Hoher Strauch, der im Frühjahr hängende, blassgelbe Blüten an kahlen Zweigen trägt. Für Gehölzgruppen oder Parkgärten.

Corylus maxima (Haselnuss)
Hoher, Laub abwerfender Strauch mit Kätzchen im Frühjahr und essbaren Nüssen. Für Beete oder als Hecke.

Cotoneaster (Zwergmispel)
Dieser in unterschiedlichen Höhen Laub abwerfende oder immergrüne Strauch hat schöne Frühjahrsblüten. Gut für Hecken, Gehölzgruppen und Parkgärten.

Cyclamen hederifolium
(Herbstalpenveilchen)
Kleine, mehrjährige Pflanze mit nickenden rosafarbenen oder weißen Blüten im Herbst, denen Matten dunkelgrüner Blätter mit silbriger Marmorierung folgen. Zur Unterpflanzung von Sträuchern oder Nadelgehölzen. Verträgt trockenen Boden.
Empfehlung: ›Albiflorum‹.

D

Danae racemosa
(Alexandrinischer Lorbeer)
Mittelhoher, immergrüner Strauch von dichtem Wuchs mit glänzenden Blättern. Im Frühsommer treibt er Ähren gelbgrüner Blüten, im Herbst folgen glänzende, leuchtend rote Beeren. Für baumbestandene Gärten oder Gehölzgruppen.

Dicentra (Tränendes Herz)
Niedrige bis mittelhohe Staude mit farnähnlichen Blättern und Kaskaden hängender, herzförmiger Blüten in Weiß, Gelb, Rosa oder Rot im Frühjahr und Sommer. Für Beete und baumbestandene Gärten.
D. spectabilis **›Alba‹** *S. 34.*

Digitalis purpurea
(Fingerhut)
Hohe Staude, zwei- oder mehrjährig, im Sommer mit auffälligen hohen Blütenständen und glockenförmigen Blüten. Für gemischte oder Staudenbeete. Kann ausgewildert werden.

Dryopteris erythrosora
(Rotschleier-Farn)
Mittelhoher, Laub abwerfender Farn mit gefiederten, geschwungenen Wedeln. Für naturnahe Gärten oder unter Bäumen und für Farngruppen.

E

Enkianthus campanulatus
(Prachtglocke)
Hoher, Laub abwerfender Strauch mit kleinen, weiß, cremefarben oder rot gefärbten Blüten im Frühjahr und Frühsommer. Ihnen folgt eine bunte Herbstfärbung. Für Beete und unter Bäumen.

Epimedium grandiflorum
(Großblütige Elfenblume)
Kleine, Büschel bildende, mehrjährige Pflanze mit herzförmigen, im Herbst bunten Blättern. Im Frühsommer erscheinen gespornte Blüten. Unter Bäumen oder für Beete.
Empfehlung: ›Crimson Beauty‹ und ›Rose Queen‹.

ENKIANTHUS CAMPANULATUS

EUONYMUS FORTUNEI ›SILVER QUEEN‹

Eranthis hyemalis ♕
(Winterling)
Kleine mehrjährige Pflanze mit tassenförmigen, gelben Blüten im Vorfrühling. Unter Sträuchern und Bäumen oder in niedrigem Gras.
◪ ◩ ◊ ♦ ❄❄❄

Erythronium (Hundszahn)
Kleine, Büschel bildende mehrjährige Pflanzen mit herabhängenden Frühjahrsblüten in den Schattierungen von Weiß, Gelb, Rosa oder Purpur. Zum Unterpflanzen von Bäumen und Sträuchern.
◪ ◩ ◊ ❄❄❄
Empfehlung: *E. californicum* ›White Beauty‹ ♕, *E. oreganum, E. revolutum* ♕.

Euonymus fortunei
(Spindelstrauch)
Kleiner bis mittelhoher, kugelig wachsender Strauch mit weiß- oder gelbbuntem Laub. Zur Bodendeckung in Beeten. Lässt sich durch die unteren Zweige von Bäumen ziehen.
◪ ◩ ◊ ♦ ❄❄❄
Empfehlung: ›Emerald ‘n‘ Gold‹ ♕.

FOTHERGILLA MAJOR

Euphorbia (Wolfsmilch)
Ein- und mehrjährige Pflanzen. Die meisten tragen im Sommer auffällig gelbgrüne oder manchmal feuerrote Dolden aus Hochblättern. Sie vertragen tiefen Schatten und trockenen Boden. Selbstaussamend.
☀ ◪ ◩ ◊ ♦ ❄❄❄
E. characias* subsp. *wulfenii ♕
S. 26.
Ebenfalls empfehlenswert: *E. amygdaloide*s var. *robbiae* ♕.

F

Fargesia (Gartenbambus)
Hohe, immergrüne, horstbildende Bambusgewächse mit hellgrünen Blättern, im Kontrast zu den gelben oder purpurbraunen Stämmen. Für Beete und Parkgärten.
◪ ◩ ♦ ❄❄❄
Empfehlung: *F. murieliae* ♕, *F. nitida* ♕.

x ***Fatshedera lizei*** ♕
(Efeu-Aralie)
Hoher, immergrüner Strauch mit einer Fülle cremefarbener Blüten im Herbst. An schattigen Wänden und Beeten.
◪ ◩ ◊ ♦ ❄❄

Fothergilla major ♕
(Federbuschstrauch)
Hoher, Laub abwerfender Strauch, der im Frühjahr und Frühsommer duftende, weiße Flaschenbürsten-Blüten zeigt, im Herbst eine wunderschöne Laubfärbung. Geeignet für Beete und baumbestandene Gärten.
◪ ◩ ◊ ♦ ❄❄❄

G

Galanthus nivalis ♕
(Schneeglöckchen)
Kleine, mehrjährige Zwiebelgewächse mit weißen Blüten im Vorfrühling. Gut unter Sträuchern oder zum Verwildern oder unter Bäumen.
◪ ◩ ◙ ♦ ❄❄❄
Empfehlung: ›Flore Pleno‹ ♕.

Galium odoratum
(Waldmeister)
Kleine, Ausläufer treibende, krautige Pflanze mit schlanken Blättern und winzigen, duftenden, sternförmigen Blüten im Frühjahr. Bodendecker für Parkgärten oder unter Sträuchern in Beeten.
◪ ◩ ◊ ♦ ❄❄❄

GALIUM ODORATUM

Garrya elliptica
(Becherkätzchen)
Hoher, immergrüner Strauch oder kleiner Baum, der im Vorfrühling lange, silbergraue Kätzchen trägt. Für schattige Wände und Beete.
Empfehlung: ›James Roof‹ ♀.

Gaultheria mucronata
(Torfmyrte)
Mittelhoher, immergrüner Strauch mit glänzenden Blättern, weißen Blüten und großen, auffallend rosa, scharlachrot oder weiß gefärbten Früchten. Für Waldgärten.
pH
Empfehlung: ›Mulberry Wine‹ ♀ und ›Wintertime‹ ♀.

Gentiana asclepiadea
(Schwalbenschwanzenzian)
Mittelhohe Staude mit tiefblauen Blüten im Frühjahr und Herbst. Für schattige Beete und Waldgärten. Kann sich auswildern.
pH

Geranium (Storchenschnabel)
Kleine bis mittelhohe mehrjährige Pflanze mit gelappten, oft aromatisch duftenden Blättern und weißen, rosa, purpur oder blauen Blüten. Bodendecker unter Sträuchern, in Beeten und in Waldgärten.
G. phaeum und ›**Album**‹ *S. 30.*

Gymnocarpium dryopteris ♀
(Eichenfarn)
Kleiner, Laub abwerfender, bodendeckender Farn, der an seinen typischen dreieckigen Wedeln zu erkennen ist. Für Beete, Farngruppen und Waldgärten.

H

Hakonechloa
Kleines, horstbildendes mehrjähriges Gras mit rötlicher Herbstfärbung. Für schattige Beete oder Waldgärten.
H. macra ›**Aureola**‹ ♀ *S. 36.*

Halesia carolina
(Schneeglöckchenbaum)
Im Frühsommer weiße Blüten, mit bunter Herbstfärbung. Für Waldgärten oder Gehölzgruppen.

Hamamelis (Zaubernuss)
Hohe, Laub abwerfende Sträucher mit schöner Herbstfärbung und duftenden, gelben Blüten im Vorfrühling.

Hedera (Efeu)
Immergrüne Kletterpflanze mit oft weißen oder gelben Blättern. Auch Bodendecker. Verträgt trockenen Schatten.
pH
H. helix ›**Buttercup**‹ *S. 26,*
H. helix ›**Glacier**‹ *S. 40.*

HEDERA HELIX ›PEDATA‹

HEPATICA NOBILIS ›JAPONICA‹

Helleborus (Christrose)
Kleine, horstbildende, manchmal immergrüne Staude mit gelappten oder geteilten Blättern. Im Frühling schöne Blüten. Für Gehölzgruppen oder gemischte Beete. Kann in Waldgärten auswildern.
H. niger ›**Potter's Wheel**‹ *S. 40,* ***H. x hybridus*** ›**Ballard's Black**‹ *S. 40.*

Hepatica nobilis
(Leberblümchen)
Kleine, wintergrüne, Büschel bildende mehrjährige Pflanze, die im frühen Frühjahr schüsselförmige Blüten von weißer, rosaroter oder blauer Farbe trägt. Für Beetränder und Waldgärten.

Heuchera
Kleine, immergrüne oder wintergrüne mehrjährige Pflanze, im Frühjahr und Sommer Blütenschäfte mit winzigen rosafarbenen oder roten Blüten. Bodendecker in Beeten oder Waldgärten.
H. ›**Pewter Moon**‹ *S. 40.*

HYDRANGEA SERRATA
›BLUEBIRD‹

Hosta (Funkie, Trichterlilie)
Kleine bis mittelhohe Staude mit schönem Blattwerk und im Hoch- bis Spätsommer malvenfarbenen Blütenständen. Für feuchte Standorte.
◨ ◩ ■ ♦ ❄❄❄
›Albomarginata‹ *S. 44*, **›Birchwood Parky's Gold‹** *S. 26*, **›Frances Williams‹** ♀ *S. 30*, **›Gold Standard‹** *S. 26*.

Hyacinthoides hispanica
(Hasenglöckchen)
Winterharte mehrjährige Zwiebelpflanze mit blauen, weißen oder rosafarbenen Blüten im Sommer. Für Steingärten, unter Sträuchern oder in Blumenrabatten.
◨ ◩ ◊ ❄❄❄

Hydrangea (Hortensie)
Mittelhohe bis hohe Sträucher und eine selbstklimmende Kletterpflanze, *H. anomala* mit weißen Blüten oder in Rosa oder Blau im Spätsommer. Für Beete oder Waldgärten.
◨ ◩ ◊ ❄❄❄
H. paniculata* ›Grandiflora‹** ♀ *S. 36*, ***H. anomala* subsp. *petiolaris ♀ *S. 40*, ***H. quercifolia*** ♀ *S. 30*.

Hypericum (Johanniskraut)
Mittelhohe immergrüne, wintergrüne und Laub abwerfende Sträucher und Stauden mit auffallenden gelben Blüten. Die empfohlenen Sorten vertragen mageren, trockenen Boden und sind gute Bodendecker.
◨ ◩ ■ ◊ ♦ ❄❄❄
Empfehlung: *H. androsaemum*, *H. calycinum*.

I

Ilex (Stechpalme)
Hohe, meist immergrüne Sträucher mit farbenfrohen Früchten und glänzenden Blättern. Buntlaubige Sorten brauchen mehr Licht als die grünlaubigen. Können als Hecke geschnitten werden.
◨ ◩ ◊ ♦ ❄❄❄
Empfehlung: *I.* x *meserveae*, *I. opaca*.

Impatiens (Fleißiges Lieschen)
Niedrige Beetpflanzen, die den gesamten Sommer über bunte Blüten tragen. Für Beete und Pflanzkübel.
◨ ◩ ♦ Min. 5 °C.

HYPERICUM ANDROSAEMUM
›ALBURY PURPLE‹

Iris sibirica (Sibirische Iris)
Mittelhohe, bartlose Iris mit schmalen, grasähnlichen Blättern und dunkel geäderten, blauen oder rotblauen Blüten, die sich im Frühsommer zeigen. An Wasserläufen und in Beeten.
◩ ◊ ❄❄❄
›Lady of Quality‹ *S. 34*.
Ebenfalls empfehlenswert: ›Alba‹ ♀.

Itea virginica (Rosmarinweide)
Hoher, Laub abwerfender Strauch mit bunter Herbstfärbung und duftenden, cremeweißen Blüten im Sommer. Für Gehölzgruppen oder offene Lichtungen zwischen Bäumen.
◨ ◩ ◊ ♦ ❄❄❄

J

Jasminum nudiflorum
(Winter-Jasmin)
Hoher, schlanker, Laub abwerfender Strauch mit leuchtend gelben Blüten im Vorfrühling an den kahlen Zweigen. Kann als Kletterpflanze gezogen werden. Für Wände.
◨ ◩ ◊ ♦ ❄❄

ILEX AQUIFOLIUM
›ARGENTEA MARGINATA‹

Jeffersonia dubia
(Herzblattschale)
Kleine mehrjährige Pflanze mit gelappten Blättern und Blüten in Weiß oder Lavendel. Die Blüten sitzen im Frühsommer auf langen, schlanken Schäften. Geeignet für feuchte Standorte.

K

Kirengeshoma palmata
Mittelhohe bis hohe Staude mit Blättern, die denen des Ahorn ähneln. Im Spätsommer und Herbst zeigt sie blassgelbe Blüten. Für baumbestandene Gärten oder für Beete.

L

Lamium (Taubnessel)
Kleine, Ausläufer treibende mehrjährige Pflanze mit oft gefleckten Blättern und rosafarbenen oder weißen Blüten. Guter Bodendecker.

***L. maculatum* ›Beacon Silver‹** *S. 40.*

KIRENGESHOMA PALMATA

LAMIUM MACULATUM ›ALBUM‹

Leucojum vernum
(Märzbecher)
Kleines Knollengewächs mit nickenden, glockenförmigen Blüten im Frühjahr. Unter Bäumen und für Beete.

Leucothöe fontanesiana
(Traubenheide)
Hoher, immergrüner Strauch mit glänzenden, dunkelgrünen Blättern und einer Fülle kleiner, wachsweißer Blüten im Frühjahr. Für Waldgärten.

Leycesteria formosa
Hoher, dickichtbildender, Laub abwerfender Strauch mit hängenden Blütenschäften voll winziger weißer Blüten mit purpurfarbenen Hochblättern im Sommer und Frühherbst. Für Beete und Waldgärten.

Lilium (Lilie)
Hohe, mehrjährige Knollenpflanze, im Sommer mit turban- oder trompetenförmigen Blüten. Für Pflanzkübel.

L. martagon *S. 36.*

Linnaea borealis
(Moosglöckchen)
Kleiner, immergrüner Strauch mit glänzendem Blattwerk und blassrosa Blüten im Sommer. Für Waldgärten.

Liriope muscari
(Schlangenbart)
Immergrüne mehrjährige Pflanze mit schmalen Blättern, die im Herbst Blütenschäfte mit violett-malvenfarbigen Blüten trägt. Bodendecker.

Lonicera (Heckenkirsche, Geißblatt)
Hohe, immergrüne oder Laub abwerfende Kletterstraucher mit duftenden Sommerblüten. Für Wände oder zum Begrünen von Bäumen.

Lunaria (Silberblatt)
Mittelhohe zweijährige oder mehrjährige Staude, im Sommer duftende weiß, violett oder purpur gefärbte Blüten. Für Waldgärten.

***L. annua* ›Variegata‹** *S. 26.*

LEYCESTERIA FORMOSA

LUZULA NIVEA

Luzula (Marbel, Hainsimse)
Kleine bis mittelhohe, immergrüne Binsengewächse, die mit ihren flachen Blättern Horste bilden. Guter niedriger Bodendecker an feuchten Standorten.
◪ ▨ 💧 ❄❄❄
Empfehlung: *L. sylvatica* ›Aurea‹ und ›Marginata‹.

M

Mahonia aquifolium
(Mahonie)
Kleiner, immergrüner Strauch mit duftenden, gelben oder orangefarbenen Frühjahrsblüten. Als Bodendecker in Beeten oder unter Bäumen.
◪ ▨ ▣ ◇ 💧 ❄❄❄
Empfehlung: ›Orange Flame‹ und ›Smaragd‹.

Maianthemum bifolium
(Zweiblättrige Schattenblume)
Kleine, bodendeckende, mehrjährige Pflanze mit glänzenden Blättern und mit winzigen, sternförmigen, weißen Blüten besetzten Blütenschäften im Frühjahr. Für naturnahe Gärten und unter Bäumen.
◪ ▨ ▣ 💧 pH ❄❄❄

Matteuccia (Trichterfarn)
Hoher, Laub abwerfender Farn mit geschwungenen, blassgrünen Wedeln, denen im Spätsommer dunkelbraune fruchtbare Wedel folgen. Für Waldgärten, schattige Beete, Farngruppen und an Teichrändern.
◪ ▨ 💧 ❄❄❄
M. struthiopteris 🏆 *S. 44.*

Meconopsis cambrica
(Europäischer Scheinmohn)
Niedrige Staude mit tief eingekerbten, blaugrünen Blättern und mohnähnlichen, gelben oder orangefarbenen Blüten vom Frühjahr bis zum Herbst. Unter Bäumen, in naturnahen Gärten und Beeten. Selbstaussamend.
◪ ▨ ◇ ❄❄❄
M. cambrica *S. 26* und *44.*

Myosotis sylvatica
(Vergissmeinnicht)
Kleine zweijährige Pflanze mit blauen oder weißen Blüten, die in der Mitte einen gelben Stern tragen und im Frühjahr und Frühsommer blühen. Für Wald- oder naturnahe Gärten, unter Sträuchern in Beeten.
◪ ▨ ◇ 💧 ❄❄❄

MATTEUCCIA STRUTHIOPTERIS

N

Nicotiana (Tabakpflanze)
Mittelhohe Stauden mit vielen Laubfarben und duftenden, trompetenförmigen Blüten im Sommer. Für Beete, Rabatten und Pflanzkübel.
◪ ▨ ◇ 💧 ❄
N. sylvestris 🏆 *S. 36,*
N. ›Lime Green‹ 🏆 *S. 30.*

O

Omphalodes (Gedenkemein)
Kleine, immergrüne mehrjährige Pflanze, die im zeitigen Frühjahr blaue Blüten ähnlich denen des Vergissmeinnicht trägt. Guter Bodendecker in Waldgärten.
◪ ▨ 💧 ❄❄❄

Ornithogalum (Milchstern)
Kleine Knollenpflanzen mit weißen Blüten im Frühsommer. Für Gehölzgruppen oder gemischte Beete. Kann ausgewildert werden.
◪ ▨ ◇ ❄❄❄
Empfehlung: *O. nutans* 🏆.

Osmanthus x ***burkwoodii*** 🏆
(Duftblüte)
Dichter, immergrüner Strauch mit im Frühling winzigen, duftenden Blüten, denen blauschwarze Beeren folgen. Für große Pflanzkübel, in Beeten oder als Einfassung.
◪ ▨ 💧 ❄❄❄

Osmunda (Königsfarn)
Mittelhoher, Laub abwerfender Farn mit dreieckigen Wedeln, die sich im Herbst goldbraun verfärben. Für Farngruppen und an Wasserläufen.
◪ ▨ 💧 pH ❄❄❄
O. cinnamomea 🏆 *S. 44.*

P

Pachyphragma macrophyllum
Niedrige, Matten bildende, wintergrüne mehrjährige Pflanze mit Büscheln von winzigen weißen Blüten im zeitigen Frühjahr. Guter Bodendecker unter Bäumen und Sträuchern.

Pachysandra
(Dickmännchen)
Kleine, immergrüne oder wintergrüne, Ausläufer treibende mehrjährige Pflanze mit grob gezähnten Blättern und im Sommer winzigen weißen Blüten. Verträgt mageren, trockenen Boden. Bodendecker.

P. terminalis ♡ *S. 40.*

Parthenocissus henryana ♡
(Jungfernrebe)
Hohe, Laub abwerfende Kletterpflanze mit weißgeädertem Blattwerk, das in der Mitte oft rosa gefärbt ist.

Phegopteris (Buchenfarn)
Kleiner, attraktiver, Matten bildender Farn mit weichen, hellgrünen Wedeln. Für Waldgärten, Farngruppen oder feuchte Rabatten.

P. connectilis S. 36 und 44.

Photinia (Glanzmispel)
Hoher, kompakter, immergrüner Strauch oder Baum mit Büscheln von kleinen weißen Blüten im Frühjahr. Für Beete, Waldgärten oder Hecken.

PHOTINIA x FRASERI ›RED ROBIN‹ ♡

Pieris japonica
(Lavendelheide)
Mittelhoher, immergrüner Strauch mit Büscheln von weißen Blüten im Vorfrühling. Für Gehölzgruppen, unter Bäumen oder in großen Pflanzkübeln.

Podophyllum hexandrum
(Maiapfel)
Kleine mehrjährige Pflanze mit im Frühsommer weißen oder rosaroten Blüten. Für Waldgärten oder feuchte Beete. Alle Teile sind giftig.

PODOPHYLLUM HEXANDRUM

POLEMONIUM PAUCIFLORUM ›PURPUREUS‹

Polemonium (Jakobsleiter)
Kleine, mehrjährige Pflanze, die im Frühsommer Blüten in Weiß oder Blau trägt. Für Beete oder naturnahe Gärten. *P. caeruleum* kann ausgewildert werden. Selbstausamend.

Empfehlung: *P. caeruleum, P.* ›Lambrook Mauve‹ ♡.

Polygonatum
(Salomonssiegel)
Mittelhohe mehrjährige Pflanzen mit grünweißen Blüten im Frühjahr und Sommer. Für Beete oder Waldgärten.

P. x ***hybridum*** ♡ *S. 34.*

Polypodium
(Tüpfelfarn)
Kleine, robuste, immergrüne Farne mit geschwungenen Wedeln, die bei manchen Sorten eine Art Kamm tragen oder eingerollt sind. Bodendecker in Farngruppen, in schattigen Beeten oder unter Bäumen.

P. vulgare **›Cornubiense‹** ♡ *S. 44.*

PYRACANTHA ›ORANGE GLOW‹ ♀

Polystichum (Schildfarn)
Niedriger bis mittelhoher, immergrüner Farn mit frischgrünen Wedeln mit feinen Fiederblättern. Für Rabatten und Farngruppen oder für Waldgärten.
P. setiferum **Divisilobum-Gruppe** ♀ *S. 34* und *44*.

Primula florindae
(Glockenprimel)
Mittelhohe, Laub abwerfende Staude mit gezähnten Blättern und schlanken, trichterförmigen, duftenden gelben Sommerblüten *(siehe S. 34)*. Für naturnahe Pflanzgruppen, feuchte Rabatten, Pflanzkübel und Waldgärten.

Prunus laurocerasus ♀
(Kirschlorbeer)
Hoher, kompakter, immergrüner Strauch mit weißen Blüten im Frühjahr, denen im Herbst kirschähnliche rote Früchte folgen. Verträgt Umweltbelastungen und die meisten Bodenbedingungen.
Empfehlung: ›Zabeliana‹.

Pulmonaria (Lungenkraut)
Kleine mehrjährige Pflanze mit Blüten in Weiß, Blau, Rosa oder Purpur im Frühling. Für Beete oder Waldgärten.
P. **›Mawson's Blue‹** *S. 40*,
P. officinalis **›Sissinghurst White‹** ♀ *S. 40*.

Pyracantha (Feuerdorn)
Hohe, sparrige, immergrüne Sträucher mit weißen Sommerblüten. Für Wände, gemischte Beete und Hecken.

R

Ranunculus aconitifolius
(Eisenhutblättriger Hahnenfuß)
Mittelhohe mehrjährige Pflanze mit weißen Blüten im Frühsommer. Für feuchte Beete oder unter Bäumen.

Rheum palmatum ♀
(Rhabarber)
Hohe Staude mit cremefarbigen oder dunkelroten Blüten im Sommer. Für feuchte Rabatten.

RIBES ODORATUM

Rhododendron
Immergrüne und Laub abwerfende Sträucher und Bäume, deren Höhe sehr unterschiedlich sein kann, mit beeindruckenden, manchmal duftenden Frühjahrsblüten. Für Waldgärten und Gehölzgruppen.

Rhodotypos scandens
(Scheinkerrie)
Hoher Strauch mit weißen Blüten im Frühsommer und schwarzen Beeren. Für Waldgärten und Gehölzgruppen.

Ribes (Johannisbeere)
Mittelhoher Strauch mit essbaren Früchten in Schwarz, Weiß oder Rot. Für naturnahe Hecken und Beete.

Rodgersia pinnata
(Fiederschaublatt)
Hohe, horstbildende Staude mit rötlich grünen Stängeln und weißen, rosafarbenen oder roten Blüten im Spätsommer. Für feuchte Beete und am Rand von Bäumen.

RODGERSIA PINNATA ›SUPERBA‹

ROSA ›NEW DAWN‹

Rosa (Rose)
Die Alba-Gruppe *(Rosa* x *alba)* der alten englischen Rosen ist hochwüchsig und verträgt Schatten. Viele rankende und kletternde Rosen vertragen etwas Schatten im unteren Bereich, wenn sie im Wachstumsbereich gutes Licht haben.
◨ ◩ 💧 ❄❄❄
R. ›Albéric Barbier‹ ♀ *S. 30,*
R. ›New Dawn‹ ♀ *S. 30.*

Rubus tricolor
Mittelhoher, am Boden liegender, immergrüner Strauch mit glänzenden Blättern, rotstacheligen Trieben und weißen Blüten im Sommer, im Herbst essbare rote Früchte. Bodendecker in Gehölzgruppen.
◨ ◩ ◼ 💧 ❄❄❄

Ruscus (Mäusedorn)
Niedrige bis mittelhohe, strauchartige, immergrüne Pflanze mit blattähnlichen Trieben, die vom Spätsommer bis in den Winter winzige, weiße, sternförmige Blüten und glänzend rote Früchte tragen. Für trockene Beete.
◨ ◩ ◼ 💧 ❄❄❄
R. aculeatus *S. 26.*

S

Sambucus nigra
(Schwarzer Holunder)
Hoher, Laub abwerfender Strauch mit Wolken kleiner, weiß bis elfenbein gefärbter Blüten. Verträgt mageren, trockenen oder auch feuchten Boden und Verschmutzung.
◨ ◩ 💧 💧 ❄❄❄
Empfehlung: ›Aurea‹ ♀, ›Guincho Purple‹ und ›Laciniata‹ ♀.

Sanguinaria canadensis
(Blutwurz)
Niedrige mehrjährige Pflanze mit herzförmigen, blaugrünen, gekerbten Blättern, die im Frühjahr gefüllte weiße Blüten tragen. Für Gehölzgruppen und Blumenrabatten.
◨ ◩ ◼ 💧 ❄❄❄
Empfehlung: ›Plena‹ ♀.

Sarcococca (Fleischbeere)
Mittelhohe, bodendeckende, immergrüne Sträucher, die im Winter duftende, weiße oder weißlich-grüne Blüten tragen. Für Gehölzgruppen und trockene Böden.
◨ ◩ ◼ 💧 ❄❄❄

SAXIFRAGA GRANULATA

Saxifraga (Steinbrech)
Kleine, Büschel bildende, immergrüne mehrjährige Pflanze mit Blattrosetten und kleinen, weißen oder rosafarbenen, sternförmigen Blüten im Frühjahr. Selbst auf magerem Boden als Bodendecker geeignet. Für Rabatten und Waldgärten.
◨ ◩ 💧 💧 ❄❄❄
Empfehlung: *S. granulata* ›Plena‹, *S.* x *urbium* (London Pride).

Schizophragma integrifolium ♀
Hohe, Laub abwerfende Kletterpflanze mit dunkelgrünen Blättern und auffallenden, weißen Blütendolden im Sommer. Rankt an Wänden oder durch große Bäume.
◨ ◩ 💧 💧 ❄❄❄

Scilla hispanica (Spanischer Blaustern)
Kleines, mehrjähriges Zwiebelgewächs, das im Frühjahr nickende, glockenförmige blaue Blüten trägt. Unter Bäumen oder Gehölzgruppen.
◨ ◩ 💧 💧 ❄❄❄

Scilla siberica (Blausternchen)
Kleines, mehrjähriges Zwiebelgewächs mit im Frühjahr leuchtend blauen Blüten. Gut als Unterpflanzung von Gehölzgruppen und Bäumen. Kann ausgewildert werden.
◨ ◩ 💧 💧 ❄❄❄

Shortia
Immergrüne, bodendeckende mehrjährige Pflanze mit weißen oder tiefrosafarbenen Blüten im Frühjahr. Für feuchte Rabatten oder unter Bäumen.
◨ ◩ ◼ 💧 ❄❄❄

SKIMMIA JAPONICA ›BRONZE KNIGHT‹

Skimmia japonica
Im Frühjahr blühender, immergrüner Zwergstrauch mit duftenden weißen Blüten, die sich oft aus roten Knospen öffnen. Verträgt Verschmutzung. Für Pflanzkübel, Rabatten oder Waldgärten.
▣ ▨ ☀ ◊ ♦ ✱✱✱
Empfehlung: ›Rubella‹ 🏆.

Smilacina racemosa 🏆
(Schattenblume)
Mittelhohe, horstbildende Staude mit unverzweigten, oft geschwungenen Stängeln, hellgrünen Blättern und winzigen, cremefarbenen Blüten im Frühjahr. Für feuchte Rabatten und unter Bäumen.
▣ ▨ ☀ ♦ ✱✱✱

Sorbaria (Spiere)
Hohe, Laub abwerfende Sträucher mit fein gefiederten Blättern und weißen, sternförmigen Blüten vom Hoch- bis in den Spätsommer. Für Gehölzgruppen, Wald- oder naturnahe Gärten.
▣ ▨ ◊ ♦ ✱✱✱
S. tomentosa var. ***angustifolia*** 🏆 *S. 40.*

Stylophorum diphyllum
(Schöllkraut-Scheinmohn)
Niedrige Staude mit tief eingeschnittenen Blättern und mohnähnlichen gelben Blüten im Sommer. Für feuchte Rabatten, kann auch ausgewildert werden. Selbstaussamend.
▣ ▨ ☀ ♦ ✱✱✱

Styrax (Storaxbaum)
Elegante, Laub abwerfende Bäume mit duftenden, weißen Blüten im Sommer. Für geschützte Gärten unter Bäumen.
▣ ▨ ◊ ♦ ✱✱✱
S. japonicus 🏆 *S. 34.*
Ebenfalls zu empfehlen:
S. obassia 🏆.

Symphoricarpus
(Schneebeere)
Hohe, Laub abwerfende, Dickicht bildende Sträucher mit winzigen Blüten, die als Bienenweide dienen. Sie tragen bis in den Winter hinein weiße, rosarote oder dunkelblaue Früchte, die am Strauch bleiben. Vertragen Verschmutzung, mageren Boden und Wind. Für Hecken oder Schutzpflanzungen.
▣ ▨ ◊ ♦ ✱✱✱

STYLOPHORUM DIPHYLLUM

TELLIMA GRANDIFLORA

T

Taxus baccata 🏆 (Eibe)
Hohe, immergrüne Nadelgehölze als Sträucher oder Bäume mit rotbrauner Rinde und nadelförmigen Blättern. Über den Winter tragen sie rote Beeren. Einzeln oder für Hecken.
▣ ▨ ☀ ◊ ♦ ✱✱✱
Empfehlung: ›Dovastonii Aurea‹ 🏆.

Tellima grandiflora
(Falsche Alraunwurzel)
Niedrige, Rosetten bildende Staude mit grünweißen Blüten im Frühjahr und Sommer. Trockenheitsverträglicher Bodendecker für Rabatten oder in Waldgärten.
▣ ▨ ◊ ♦ ✱✱✱

Tiarella cordifolia
(Schaumblüte)
Niedrige, bodendeckende mehrjährige Pflanze mit herzförmigen Blättern und aufrechten Schäften mit winzigen cremefarbenen Blüten im Sommer. Für Rabatten oder Waldgärten.
▣ ▨ ◊ ♦ ✱✱✱

Tolmiea menziesii ♕
(Henne mit Küken)
Niedrige, dichte mehrjährige Pflanze, die sich schnell ausbreitet. Sie hat blassgrüne oder gelbgrüne Blätter und kleine, grünlich rote Blüten im Sommer. Bei ›Taff's Gold‹ sind die Blätter cremefarben, blassgelb gesprenkelt und getüpfelt. Guter Bodendecker unter Sträuchern und Bäumen.
▣ ▨ ✹ ◊ ♦ ❄❄❄
Empfehlung: ›Taff's Gold‹ ♕.

Trachystemon orientale
(Rauhling)
Niedrige bis mittelhohe mehrjährige Pflanze mit herzförmigen Blättern und blauen Blüten im Frühjahr. Bodendecker in naturnahen und Waldgärten.
▣ ▨ ◊ ♦ ❄❄❄

Tricyrtis (Krötenlilie)
Mittelhohe Stauden mit deutlich geäderten, blass- bis dunkelgrünen Blättern und stern- oder trichterförmigen, gelb oder braun gesprenkelten Blüten im Frühjahr, Sommer und Herbst. Für Waldgärten oder Rabatten.
▣ ▨ ✹ ♦ ❄❄❄
T. hirta S. 36.

Trillium (Dreiblatt)
Niedrige mehrjährige Pflanzen mit oft silbern oder dunkelrot marmorierten Blättern. Im Frühjahr erscheinen nickende oder aufrechte, tassenförmige Blüten in Schattierungen von Weiß, Rosa, Braun oder Gelb. Für Rabatten oder Pflanzgruppen unter Bäumen.
▣ ▨ ♦ ❄❄❄
Empfehlung: *T. grandiflorum* ♕, *T. ovatum*, *T. rivale* ♕, *T. sessile*.

U

Uvularia grandiflora ♕
(Goldsiegel)
Niedrige, elegante Staude, die im Frühjahr nickende gelbe, glockenförmige Blüten hervorbringt. Für feuchte Rabatten oder Waldgärten.
▣ ▨ ✹ ♦ ❄❄❄

V

Vancouveria
Niedrige, bodendeckende mehrjährige Pflanze mit Wolken gespornter weißer Blüten im Spätfrühling. Für Waldgärten.
▣ ▨ ♦ ❄❄❄
V. hexandra S. 36.

Viburnum (Schneeball)
Hohe, Laub abwerfende und immergrüne Sträucher mit auffallenden, oft duftenden Blüten und glänzenden Früchten. Einzeln, für Gehölzgruppen, in Waldgärten oder Pflanzkübel einzusetzen.
▣ ▨ ◊ ♦ ❄❄❄
Empfehlung: *V. burkwoodii* ›Park Farm Hybrid‹ ♕

VIOLA RIVINIANA PURPUREA-GRUPPE

Vinca minor (Immergrün)
Niedriges, immergrünes, bodendeckendes Gehölz mit von Frühling bis Herbst weißen, blauen, blauvioletten oder rosaroten Blüten. Für Waldgärten, schattige Ufer und Gehölzgruppen.
▣ ▨ ✹ ◊ ♦ ❄❄❄

Viola odorata (Märzveilchen)
Niedrige, bodendeckende mehrjährige Pflanze mit herzförmigen Blättern und duftenden weißen oder blauvioletten Blüten vom Spätwinter bis ins Frühjahr hinein. Für naturnahe Gärten oder unter Bäumen. Selbstaussamend.
▣ ▨ ◊ ❄❄❄
Ebenfalls zu empfehlen: *V. riviniana*.

W

Waldsteinia ternata
Niedrige, Ausläufer treibende, wintergrüne mehrjährige Pflanze mit hellgelben Blüten im Frühsommer. Bodendecker unter Bäumen oder in Beeten.
▣ ▨ ✹ ♦ ❄❄❄

WALDSTEINIA TERNATA

REGISTER

Kursiv gesetzte Seitenzahlen weisen auf zusätzliche Abbildungen hin.

A

B

C

D

E

F

G

DANK

Bildrecherche Neale Chamberlain, Catherine Costelloe, Sam Ruston

Illustrationen Gill Tomblin, Karen Cochrane

Register Hilary Bird

Dorling Kindersley dankt außerdem:
Susanne Mitchell, Karen Wilson und Barbara Haynes vom RHS, Vincent Square.

Die Royal Horticultural Society
Wenn Sie mehr über die Arbeit der Society erfahren wollen, besuchen Sie die RHS im Internet unter **www.rhs.org.uk**. Dort finden Sie Informationen über Veranstaltungen in ganz England, eine gärtnerische Datenbank, internationale Pflanzenverzeichnisse, die Ergebnisse von Pflanzenversuchen und Einzelheiten zur Mitgliedschaft.

Fotos
Die Herausgeber danken den folgenden Personen und Organisationen für die freundliche Erlaubnis zur Wiedergabe von Fotografien:
(Legende: l = links, r = rechts, m = Mitte, u = unten, o = oben)

A-Z Botanical Collection: A. Young 15 or, Christopher Knight 23 ol, J. Malcolm Smith 9 ol, 24, John Miller 6, Roger Hyam 38, Steven Wooster 28. **John Glover:** 7 ul, 15 ol. **Jerry Harpur:** 12 u, Philip Watson 11 ur. **Andrew Lawson:** 8 u, 25 ul, 29 ul, Brook Cottage Alkerton 43 ul, Designer: Wendy Lauderdale 32. **Clive Nichols:** White Windows, Hampshire, 39 ul. **Photos Horticultural:** 10 ur, 18 u, 42. **Harry Smith Collection:** 9 or, 11 ol, 13 ur. **Elizabeth Whiting & Associates:** 54.
Umschlagfotografien:
Garden Picture Library: Steven Wooster hinten or; **Andrew Lawson** hinten om; S&O **Mathews Photography** hinten ol, vorne ul; **Photos Horticultural:** vorne r.